Christian A. Schwarz

Grundkurs Evangelisation

Leise werben für die Gute Nachricht

KOINONIA-Verlag

Hinweis für Leiter und Teilnehmer von Gemeindegruppen:

Der „Grundkurs Evangelisation" ist so konzipiert, daß er sich nicht nur für das Selbststudium, sondern auch für die Arbeit in Gruppen eignet. Wenn Sie sich in Ihrer Gruppe mit dem Thema beschäftigen wollen, beachten Sie bitte die Angaben zum Leiterhandbuch und zu den Staffelpreisen auf den Seiten 115 und 119.

Auslieferung in der Schweiz:
Koinonia-Verlag, c/o Data Trend 22 AG
Eggasse 4, CH-4852 Rothrist
Tel.: 062 - 44 30 48 Fax 062 - 44 42 52

ISBN 3-906644-15-4

Titelgestaltung: Büro für Kommunikationsdesign, Heidenreich, Haltern am See
Coverfoto Rückseite: Rüdiger Niemz, Wiesbaden
Karikaturen: Stefan M. Schwarz, Herne
Satz: Knipp Satz und Bild digital, Dortmund
Druck: Heinzelmann Druckservice, Metzingen

Wenn sich jemand das Buch aus finanziellen Gründen nicht leisten kann, so kann er sich gerne an das Ökumenische Gemeinde-Institut (Diedersbüll 6, W-2266 Emmelsbüll) wenden. Da es eins der Prinzipien des Instituts ist, daß geistliche Dinge nicht an mangelndem Geld scheitern dürfen, wird in einem solchen Fall das Buch verschenkt.

Inhalt

Was ist das Neue am Grundkurs Evangelisation? 5

Teil 1:
Wie Evangelisation wirklich funktioniert
10 Prinzipien, die viel zu oft übersehen werden

Schluß mit dem schlechten Gewissen! 11
Wie Menschen wirklich zum Glauben kommen 15
Wie der Oikos-Faktor funktioniert 19
Die Bedürfnisse ernstnehmen 23
Durch offene Türen gehen 27
Die Integration in die Gemeinde gehört dazu 31
Die Gabe der Evangelisation 36
Warum Neubekehrte effektiver evangelisieren können 40
Manipulation – nein danke! 44
Die Bedeutung des Leibes Christi 47
Ein Quiz 49

Teil 2:
Was jeder Christ zur Evangelisation beitragen kann
7 Schritte, die niemanden überfordern

Schritt 1: Haben Sie die Gabe der Evangelisation? 53
Schritt 2: Ihre erweiterte Familie 58
Schritt 3: Gebetspartner 62
Schritt 4: Die Bedürfnisse Ihrer erweiterten Familie 65
Schritt 5: Liebe, Liebe, Liebe 68
Schritt 6: Das Evangelium bezeugen 71
Schritt 7: Die Unterstützung durch andere Christen 75

Teil 3:
Wie Ihre Gemeinde an Ausstrahlungskraft gewinnt
12 praktische Schritte, um mit der Liebe Gottes
neue Menschen zu erreichen

Führen Sie den Kurs in möglichst vielen Gruppen durch 79
Sorgen Sie für evangelistische „Höhepunkte" 83
Machen Sie die 10 Prozent „Evangelisten" ausfindig 84
Stellen Sie alle Gaben stärker in den evangelistischen Dienst 88
Machen Sie Ihre potentielle Gemeinde ausfindig 90
Erheben Sie die Bedürfnisse der potentiellen Gemeinde 93
Schaffen Sie bedürfnisorientierte Angebote 95
Entwickeln Sie kreative Evangelisationsformen 99
Rechnen Sie mit Widerstand 102
Helfen Sie neugewonnenen Christen bei der Integration 104
Bilden Sie neue Gruppen 107
Verhelfen Sie Neubekehrten zum evangelistischen Dienst 109

Checkliste: Wo steht Ihre Gemeinde? 111

Wie gehts's weiter? 113
Die „Gemeinde für morgen"-Idee 113
„Gemeinde für morgen"-Zeitschrift 114
„Gemeinde für morgen"-Arbeitsmaterialien 115
„Gemeinde für morgen"-Gemeindeprofil 117
„Gemeinde für morgen"-Seminare 117

Anforderungskarte 119

Was ist das Neue am Grundkurs Evangelisation?

Sobald das Stichwort „Evangelisation" genannt wird, fallen bei vielen Christen die Jalousien. Nicht, daß ihnen der Missionsbefehl gleichgültig wäre. Sie sehnen sich aufrichtig danach, daß Menschen zum Glauben finden und Gottes Gemeinde wächst. Sie betonen auch immer wieder, wie wichtig Evangelisation in unserer Zeit ist. Und doch: Sobald das Stichwort fällt, verspüren sie ein unangenehmes Gefühl in der Magengegend, von dem sie nicht recht wissen, woher es eigentlich kommt.

Seitdem ich vor etwa acht Jahren mein erstes Seminar zum Thema „Evangelisation" gehalten habe, verstärkte sich bei mir der Eindruck, daß es dem größten Teil der Christen in etwa so geht. Lange verfolgte mich die Frage: Warum ist das nur so? Sind wir nicht geistlich, nicht hingegeben genug? Oder ist es gar Satan selbst, der auf diese Weise das evangelistische Engagement von uns Christen lähmt?

Heute bin ich der Überzeugung, daß dieses Phänomen eine völlig andere und sehr viel einfachere Ursache hat. Es ist in vielen Fällen nichts anderes als eine verständliche Reaktion von geistlich gesunden Menschen auf eine weitgehend kranke Evangelisationspraxis. Beispielhaft gesagt: Wer selber nicht die Gabe der Evangelisation hat, reagiert völlig normal, wenn er sich einem offensiv-evangelistischen Dienst entzieht. Er reagiert normal, wenn er sich von evangelistisch begabten Gemeindegliedern kein schlechtes Gewissen machen läßt. Er reagiert normal, wenn er sich der Parole „Jeder Christ ein Evangelist" widersetzt.

Gott hat unterschiedliche Christen unterschiedlich berufen und folglich auch begabt. Es wäre nach meiner Überzeugung nichts als Ungehorsam und Hochmut, Gott in einem Bereich dienen zu wollen, für den er uns gar nicht die erforderlichen Gaben geschenkt hat.

Es gibt einen besseren Weg

In diesem Buch möchte ich einen anderen Weg zeigen, was jeder Christ – ganz gleich, ob evangelistisch begabt oder nicht – dazu beitragen kann, daß der Missionsbefehl erfüllt wird. Wenn ich mir andere Bücher zum gleichen Thema anschaue – ich habe 42 von ihnen vor mir stehen –, dann sind es insbesondere vier Bereiche, in denen dieser Grundkurs die Akzente anders setzt:

- Erstens hat dieses Buch einen Autor, dem Gott *nicht* die Gabe der Evangelisation gegeben hat. Was viele vielleicht für ein Manko halten – mich selbst hat es jahrelang unbewußt blockiert, dieses Buch zu schreiben –, halte ich heute im Blick auf mein Anliegen für einen echten Vorteil. Weil wahrscheinlich 90 Prozent der Christen (und meiner Leser) diese Gabe nicht haben, aber gleichwohl wissen wollen, was denn ihr Auftrag im Reich Gottes ist, sitzen wir im gleichen Boot. Ich stehe nicht in der Gefahr, als der evangelistische „Überflieger" zu argumentieren, der gar nicht merkt, wie er munter das betreibt, was wir in unserer Arbeit als „Gabenprojektion" bezeichnen (ausführlicher dazu Seite 11).

- Zweitens hat dieses Buch einen empirischen Ansatz. Ich bin an der Frage interessiert, wie Evangelisation in unserer Zeit und unserem Kulturkreis *wirklich* geschieht – nicht, wie manche Christen *meinen*, daß sie zu geschehen habe. Unser Institut hat auf diesem Gebiet zahlreiche Untersuchungen durchgeführt – zum Teil mit überraschenden Ergebnissen. Ich habe mir das, was auf den nächsten Seiten steht, also nicht in der Stille meiner Studierstube *ausgedacht*, sondern in lebendigen Gemeinden *beobachtet*. Außerdem

> *„Sobald das Stichwort Evangelisation fällt, verspüren viele Christen ein unangenehmes Gefühl in der Magengegend, von dem sie nicht recht wissen, woher es eigentlich kommt."*

habe ich mich bemüht, aus den Forschungen, die es in allen fünf Kontinenten zu diesem Thema gibt, zu lernen.

- *Drittens* ist dieses Buch so konzipiert, daß es von einzelnen Christen, christlichen Gruppen und auch ganzen Gemeinden eingesetzt werden kann. Zu diesem Zweck ist ein Leiterhandbuch erschienen, das Gruppenleitern Hinweise gibt, wie man eine, drei, sechs oder zwölf Einheiten mit Hilfe des Grundkurses gestalten kann. Vor allem enthält das Leiterhandbuch praktische Hilfen, wie sich dieser Ansatz in einer ganzen Gemeinde „einführen" läßt (nähere Informationen dazu auf den Seiten 115 und 119).

- Viertens ist dieses Buch, wie alle Publikationen der Reihe „Gemeinde für morgen", in ein System von aufeinander bezogenen Arbeitsmaterialien eingebettet, wobei jedes Arbeitsbuch einem von insgesamt acht lebensnotwendigen Kennzeichen („Basisprinzipien") wachsender Gemeinden zugeordnet ist. Das Kennzeichen, auf das sich dieser Grundkurs bezieht, nennen wir „Bedürfnisorientierte Evangelisation". Keines der acht Kennzeichen – auch nicht „Bedürfnisorientierte Evangelisation" – darf auf Kosten der anderen sieben absolut gesetzt werden. Viele Frustrationen rühren daher, daß man genau dies versucht (ausführlicher siehe Seite 113).

Das Geheimnis: der gabenorientierte Ansatz

Wenn ich zu einem Wochenendseminar in einer Gemeinde bin, um dabei mitzuhelfen, die von uns identifizierten Gemeindeaufbau-Prinzipien auf den Gemeindealltag zu beziehen, dann kommen wir an der einen oder anderen Stelle fast immer auf den evangelistischen Dienst zu sprechen. Da ich selber *nicht* die Gabe der Evangelisation habe, halte ich weder evangelistische Ansprachen noch mache ich den Teilnehmern vor, wie man evangelistische Gespräche führt (bzw. besser nicht führen sollte!). Mir hat Gott die Gabe des *Lehrens* gegeben, und folglich erwartet er auch, daß ich *diese* zu seiner Ehre und für das Wachstum seiner Gemeinde einsetze.

Deshalb mache ich folgendes: Ich helfe denjenigen Teilnehmern, denen Gott die Gabe der Evangelisation geschenkt hat, diese Gabe zu entdecken, einzusetzen und wiederum andere Christen für den evangelistischen Dienst zu motivieren. Und ich helfe denen, die bei sich andere Gaben ausfindig machen (Gastfreundschaft, Organisation, Leitung, Lehren, Heilung, Barmherzigkeit, Seelsorge etc.), diese stärker als bisher in den evangelistischen Dienst zu stellen.

Seitdem ich mich auf meine wirklichen Gaben konzentriere, erlebe ich erstaunliche Dinge. Im Laufe der letzten Jahre konnte ich Tausenden Christen dabei helfen, konsequenter als bisher ihren Gaben gemäß zu leben. Und ich habe immer wieder gehört, wie gerade *dadurch* (wenn auch indirekt) exakt das geschah, worum es bei unserem Thema geht: Durch das Engagement dieser Christen fanden unzählige Menschen zum Glauben an Jesus Christus! Vielleicht sind es bis heute einige Hundert, möglicherweise auch weitaus mehr. Ich weiß es nicht. Ich weiß nur: Auf diese Weise kamen in den letzten Jahren sehr viel *mehr* Menschen zum Glauben, als wenn ich mich Woche für Woche auf die Straße gestellt hätte, um Passanten auf Jesus hin anzusprechen.

»Das Schöne am gabenorientierten Ansatz ist, daß hier – Gott sei Dank! – alle evangelistischen Klischees zerbrechen.«

Ich bin in meinen Seminaren unzähligen Gemeindegliedern begegnet, die ähnliche Erfahrungen wie ich gemacht haben: Dadurch, daß sie sich auf ihre Begabung (und damit Berufung) konzentrierten, konnten sie in oft überraschender Weise dazu beitragen, daß andere Menschen zum Glauben kamen. Eines dieser Gemeindeglieder ist Maja, eine 23jährige Krankenschwester, die rhetorisch nicht sehr begabt ist, aber von Gott eine wunderbare Gabe des Gebets bekommen hat. Oder Karlheinz, 45jähriger Hauskreisleiter, der seinen Pastor damit schockte, daß er aus allen Diensten ausstieg, um sich ganz auf die Praktizierung seiner wirklichen Gabe (nämlich Evangelisation!) zu konzentrieren. Oder Clemens, 31jähriger Maschinenschlosser, der unglaublich leicht Kontakte schließen kann, aber regelmäßig einen roten Kopf kriegt, wenn es darum geht, über den Glauben zu reden. Oder Maria, oder Patrick, oder Fabian . . . Wir werden ihre Geschichten im Laufe dieses Buches hören. Alles keine evangelistischen „Überflieger", aber Menschen, die sich im Rahmen ihrer Gaben und Grenzen dem Missionsbefehl gestellt haben.

Das Schöne am gabenorientierten Ansatz ist, daß hier – Gott sei Dank! – alle evangelistischen Klischees zerbrechen. Jeder Christ hat eine ganz individuelle Berufung, wenn es darum geht, zur Weltevangelisation beizutragen. Und es ist ungeheuer spannend, dieser Berufung auf die Spur zu kommen.

Dieses Buch soll Ihnen dabei helfen, das, was Gott mit Ihnen vorhat, klarer als bisher zu erkennen.

Emmelsbüll, im Januar 1993

Christian A. Schwarz
Ökumenisches Gemeinde-Institut

Teil 1

Wie Evangelisation wirklich funktioniert

10 Prinzipien, die viel zu oft übersehen werden

Kaum ein Thema ist in der Christenheit mit so vielen Klischees belastet wie „Evangelisation". Nur: Diese Klischees haben mit dem, wie Evangelisation wirklich geschieht, kaum etwas zu tun. Die folgenden zehn Prinzipien stellen das, was gemeinhin unter diesem Stichwort verstanden wird, geradezu auf den Kopf. Jeden einzelnen Punkt habe ich in evangelistisch aktiven (und erfolgreichen) Gemeinden studieren können.

Schluß mit dem schlechten Gewissen!

Ein Christ, dem Gott in besonders starkem Maße die Gabe der Evangelisation gegeben hat, ist der Leiter der internationalen Missionsgesellschaft „Campus für Christus", Dr. Bill Bright. Aus seiner Feder stammt zum Beispiel das Heftchen „Gott persönlich kennenlernen", die bekannte Buchserie „Mitteilbare Konzepte" und vieles mehr. Von dieser Literatur ist – wie von „Campus für Christus" überhaupt – auf der ganzen Welt unermeßlicher Segen ausgegangen.

Was Bill Bright in seinen Büchern lehrt, das praktiziert er auch selbst. Wenn er in ein Flugzeug steigt, um zu einer christlichen Konferenz zu fliegen, dann ist es keine Seltenheit, daß er – während das Flugzeug sich noch auf der Startbahn befindet – bereits mit seinem Nachbarn zur Linken ins Gespräch über den Glauben gekommen ist. Noch bevor die Lampe „Fasten seat belts" erloschen ist, kann man beobachten, wie sich in der Sitzreihe, in der Bill Bright Platz genommen hat, zwei Köpfe zum Übergabegebet nach vorn beugen: nämlich der von Bill Bright und der seines linken Nachbarn. Und sobald die Köpfe wieder hochgehen, wendet sich Bright bereits seinem Nachbarn zur Rechten zu . . .

Geschichten wie diese sind nun keineswegs irgendwelche „frommen Wanderlegenden", die nur auf Kanzeln erzählt werden, wo sie von Mal zu Mal dramatischer ausgeschmückt werden (auch das gibt es ja). Nein, Bill Bright erlebt das wirklich so. Zwei meiner Freunde haben ihn in ähnlichen Situationen bereits mehrfach beobachtet, und ihre Berichte klangen jedesmal atemberaubend. Bill Bright ißt in einem Chinarestaurant, und am Ende des Abendessens hat die chinesische Serviererin nicht nur ein ordentliches Trinkgeld bekommen, sondern weiß auch, daß ihr Name im Buch des Lebens steht! Ähnliches geschieht in Bussen, im Hotel, auf der Straße, im Supermarkt. Wenn Bill Bright zu einer christlichen Veranstaltung eingeladen ist, dann jagt eine solcher Geschichten die nächste – und jede einzelne ist historisch verbürgt.

Die Gefahr der Gabenprojektion

Wir haben allen Grund, uns über diese wunderbare evangelistische Gabe, mit der Bill Bright dem gesamten Leib Christi dient, zu freuen. Aber nun kommt meine eigentliche Pointe. Sagt man Bill Bright: „Da hat dir Gott aber eine ganz besondere evangelistische Gabe gegeben!", dann antwortet er: „Nein! Das ist keine besondere Gabe. Das kann jeder Christ – wenn er nur Gott gehorsam ist."

Mit Verlaub gesagt, an *dieser* Stelle irrt Dr. Bill Bright. Es ist einfach nicht wahr, daß das jeder Christ kann, wenn er nur Gott gehorsam ist. Richtig ist: Das kann jeder Christ, wenn er in der gleichen Weise wie Bill Bright die Gabe der Evangelisation hat *und* Gott gehorsam ist. Wenn ich das gleiche tue wie Bill Bright, und ich habe das in der Vergangenheit immer wieder einmal versucht, dann hat das keineswegs die gleiche Wirkung wie bei ihm. Ich habe noch nie erlebt, daß im Flugzeug oder der S-Bahn in meiner Reihe die Köpfe zum Übergabegebet heruntergingen, wohl aber, daß mein Nachbar zwei Plätze weiter rückte!

„Gott erwartet von mir gar nicht, daß ich in der gleichen Weise evangelistisch tätig bin, wie Bill Bright es ist."

Heißt das nun, daß ich noch nicht „geistlich" genug bin? Oder daß es eine Sünde in meinem Leben gibt, die mich blockiert, evangelistisch effektiver zu werden? Ich möchte für Anfragen dieser Art offen sein, glaube aber persönlich nicht, daß meine eigene Uneffektivität im evangelistischen Dienst etwas mit diesen Faktoren zu tun hat. Sie ist vielmehr so zu erklären, daß Gott mir andere Gaben gegeben hat als einem Bill Bright. Gott erwartet von mir gar nicht, daß ich in der gleichen Weise evangelistisch tätig bin, wie Bill Bright es ist. Aber gleichwohl möchte er, daß ich die Gaben, die er *mir* gegeben hat, dazu einsetze, daß der Missionsbefehl erfüllt wird.

Der Gemeindeaufbau-Professor C. Peter Wagner bezeichnet das, was wir hier anhand von Bill Bright beispielhaft studieren können, als Gabenprojektion. Dieser Mechanismus ist in unseren Gemeinden ungeheuer stark verbreitet. Egal, welche Gabe wir auch haben mögen, jeder von uns neigt dazu, von anderen Christen, die diese Gabe nicht haben (und zwar nach Gottes Willen nicht haben!), zu erwarten, daß sie sich so verhalten, als wenn sie diese Gabe hätten. Wer die Gabe der Gastfreundschaft hat, kann oft nicht verstehen, wieso sich andere Christen sehr viel schwerer damit tun, Gäste zu beherbergen. Wer die Gabe des Gebens hat, steht in der Gefahr, Christen, die Gott auf andere Weise dienen, schlicht für „knauserig" zu halten. Wer die Gabe des Glaubens hat, neigt dazu, andere Christen, denen Gott diese Gabe aus gutem Grund nicht gegeben hat, als „kleinkariert" zu bezeichnen. Die Reihe ließe sich unendlich fortsetzen.

Je begabter, desto gefährdeter

Ich selber habe diesen Mechanismus so häufig – an mir selber wie an anderen – beobachten können, daß ich zu der Überzeugung gelangt bin, hier könnte es sich möglicherweise um eine der Hauptquellen für Frustration, Verletzungen und schlechtes Gewissen in der Gemeindearbeit handeln. Dabei habe ich die Erfahrung gemacht, daß Christen, die besonders stark begabt sind, auch besonders stark in der Gefahr stehen, ihre Gaben auf andere zu projizieren.

Einer dieser „geistlichen Weltmeister" ist der koreanische Pastor Paul Yonggi Cho. Wenn es ein „Guinness-Buch der geistlichen Weltrekorde" gäbe, dann hätte Cho etliche Eintragungen sicher: Er leitet die größte Ortsgemeinde, die es in der Kirchengeschichte je gegeben hat (ca. 600 000 Gottesdienstbesucher), er hat eine enorm stark ausgeprägte Leitungsgabe, und nicht zuletzt hat er das, was wir als „Gabe des Glaubens" bezeichnen. Mir geht es in diesem Zusammenhang nicht darum, seine Theologie oder Gemeindepraxis zu kritisieren. Ich möchte lediglich an seiner Person die allgegenwärtige Falle der Gabenprojektion illustrieren.

Nachdem ich einige Bücher von Cho gelesen hatte, glaubte ich etliche Indizien gesammelt zu haben, die meinen Verdacht bestätigten, daß er munter seine Gaben, insbesondere die des Glaubens, auf andere projiziert. Als ich vor einiger Zeit die Gelegenheit hatte, ein Telefoninterview mit ihm zu führen, beschloß ich, einfach einmal zu testen, ob ich mit meinem Verdacht wohl recht hatte. Ob Cho auch in der Disziplin „Gabenprojektion" ein Weltmeister ist?

Nachdem wir über verschiedene Themen gesprochen hatten, stellte ich ihm schließlich die Frage: „Dr. Cho, glauben Sie eigentlich, daß jede Gemeinde so groß werden kann und soll wie Ihre?" Da ich mit Gabenprojektion schon viel Erfahrung hatte, war ich darauf eingestellt, daß er mir etwa antworten würde: „Aber selbstverständlich: Glaube nur, und auch die Millionengrenze ist kein Problem!"

„Es dürfte einleuchten, daß Gabenprojektion unser Nachdenken über Evangelisation in ganz besonderer Weise belastet."

Aber Cho antwortete anders. „No no no no no", hämmerte er in seinem koreanischen Englisch in den Telefonhörer, „nicht jede Gemeinde kann so groß werden."

Fast schon war ich geneigt, meinen Verdacht der Gabenprojektion für gegenstandslos zu halten. Dann aber sagte Cho zu meinem Entsetzen: „Wenn eine Gemeinde erst einmal 50 000 oder 100 000 Menschen erreicht hat, dann sollte sie Gott fragen, ob es sein Wille ist, daß wie weiter wächst. Nicht jede Gemeinde muß so groß werden wie unsere." Ich mußte denken: Danke, Paul Yonggi, für diese sensiblen, hilfreichen Worte für unsere deutsche Situation!

Nun könnte an dieser Stelle leicht der Eindruck entstehen, als wollte ich mich auf billige Weise über Leute wie Bill Bright oder Paul Yonggi Cho lustig machen. Das aber ist nicht meine Absicht. Mir geht es gar nicht um diese Personen, sondern lediglich darum, anhand von authentischen Namen und nachprüfbaren Begebenheiten zu illustrieren, wie stark Gabenprojektion in der Christenheit verbreitet ist. Ich könnte die Namen dieser Männer durch beliebige andere ersetzen, an denen sich das gleiche Phänomen, wenn auch vielleicht weniger drastisch, zeigen ließe. Und ich bin sicher, daß so gut wie jeder meiner Leser ähnliche Erfahrungen in seinem eigenen Umkreis gemacht hat. Habe ich recht?

Gabenprojektion und das schlechte Gewissen

Es dürfte einleuchten, daß Gabenprojektion unser Nachdenken über Evangelisation in ganz besonderer Weise belastet. Möglicherweise gehört Evangelisation zu den Gaben, die am meisten auf andere projiziert werden. Christen, die diese Gabe haben, sagen: „Warum tust du dich so schwer, das Evangelium weiterzusagen? Es ist doch so einfach, so natürlich!" Damit haben sie zweifellos recht: *Für sie* ist es wirklich ganz einfach und ganz natürlich. Sie machen sich aber keine Vorstellung, wieviel Kraft und bisweilen Krampf das für andere – wie zum Beispiel mich! –, bedeutet, denen Gott diese Gabe nicht gegeben hat. Ergebnis dieser Strategie: Diejenigen Christen, die nicht die Gabe der Evangelisation haben, sind am Ende zwar immer noch nicht evangelistisch aktiv, aber sie haben wenigstens ein schlechtes Gewissen!

Wer versucht, andere Christen mit immer neuen Appellen an das schlechte Gewissen zum evangelistischen Engagement zu motivieren, wird die Erfahrung machen, daß dies überaus anstrengend ist, von allen Beteiligten als relativ unangenehm empfunden wird, nur sehr wenig Frucht trägt – und zu allem Überfluß auch noch die geistliche Ausstrahlungskraft einer Gemeinde vergiften kann, auf die man eigentlich so dringend angewiesen wäre, um evangelistisch voran gehen zu können.

Machen wir endlich Schluß mit dem schlechten Gewissen! Es stimmt einfach nicht, daß jeder Christ ein Evangelist sei. Zwar kann und soll jeder Christ auf seine Weise dazu beitragen, daß Menschen einen Zugang zum Glauben finden (in diesem Buch wird noch ausführlich davon die Rede sein), aber damit wird er noch lange kein Evangelist. Das ist er nur, wenn Gott ihm auch die Gabe der Evangelisation schenkt. Die Vorstellung, jeder Christ könne und solle in der gleichen Weise evangelistisch tätig sein wie diejenigen, die Gott auf diesem Gebiet begabt hat, hat nach meiner Überzeugung mehr Schaden angerichtet als manche sehr viel „gottlosere" Irrlehren.

Um nicht falsch verstanden zu werden: Natürlich gibt es Situationen, in denen wir als Christen allen Grund zu einem schlechten Gewissen haben – etwa dann, wenn wir uns der Berufung, die uns Gott wirklich gegeben hat, verweigern. Wer nicht bereit ist, die Aufgaben, die Gott ihm gegeben hat, zu erfüllen, sollte sehr aufmerksam auf sein (hoffentlich schlechtes!) Gewissen acht geben. Es könnte die leise Stimme Gottes sein, der uns endlich überzeugen möchte, wie viel gewinnbringender (für uns wie für das Reich Gottes) es wäre, wenn wir Gott an dem Platz dienten, den er für uns ausgesucht hat.

Allerdings gehört das schlechte Gewissen, das infolge von Gabenprojektion entsteht, nicht in diese Kategorie. Ich bin mittlerweile zu der Überzeugung gelangt, daß die dadurch entstehenden Frustrationen zu den Faktoren gehören, die uns am meisten daran *hindern*, den Missionsbefehl zu erfüllen!

Gerade weil es mir um die – möglichst effektive – Erfüllung des Missionsbefehls geht, möchte ich dafür plädieren, von der Parole „Jeder Christ ein Evangelist" endgültig Abschied zu nehmen. Gott hat weitaus bessere Wege, seine Gute Nachricht zu den Menschen zu bringen.

Ihre Gedanken:

- *Fällt es Ihnen eher leicht oder schwer, mit Menschen, die Christus noch nicht kennen, über den Glauben zu reden?*

O Eher leicht — O Weder leicht noch schwer — O Eher schwer

- *Würden Sie von sich sagen, daß Gott Ihnen die „Gabe der Evangelisation" gegeben hat?*

O Ja — O Nein — O Weiß nicht

- *Haben Sie schon einmal erlebt, daß ein Christ seine Gaben auf andere „projiziert" hat? Welche Gefühle hat das in Ihnen ausgelöst?*

„Gerade weil es mir um die Erfüllung des Missionsbefehls geht, möchte ich dafür plädieren, von der Parole ‚Jeder Christ ein Evangelist' endgültig Abschied zu nehmen."

Wie Menschen wirklich zum Glauben kommen

Jeder von uns hat bestimmte Klischees im Kopf, wie Evangelisation angeblich funktioniert. Wenn Sie einmal Christen nach ihren Vorstellungen fragen, was ihrer Meinung nach Eigenschaften eines „erfolgreichen Evangelisten" sein sollten, werden Sie wahrscheinlich die Hände über dem Kopf zusammenschlagen, welche realitätsfremden Klischees dabei herauskommen!

Nun scheint es mir relativ plausibel zu sein, daß kirchliche Vertreter, die von ihrem theologischen Hintergrund her der Evangelisation (wie dem persönlichen Glauben überhaupt) skeptisch gegenüber stehen, von so manchem sonderbaren Klischee geprägt sind. Was ist aber das Bild bei Christen, die selber evangelistisch tätig sind?

Um dieser Frage auf die Spur zu kommen, habe ich bei zwei Gelegenheiten eine Befragung durchgeführt: einmal in der „Schweizerischen Evangelistenkonferenz", bei der sich 140 hauptamtliche Christen trafen, die zum größten Teil selber als Evangelisten arbeiten oder als Pastoren evangelistisch tätig sind. Die zweite Testgruppe war eine Klasse der „Bibelschule Bergstraße", in der junge Menschen auf einen vollzeitlichen evangelistischen Dienst vorbereitet werden.

Was ist ein typischer Evangelist?

Zunächst bat ich die Teilnehmer, auf einem Fragebogen möglichst viele Adjektive zu sammeln, die ihrer Meinung nach einen erfolgreichen Evangelisten am besten beschreiben. Beide Gruppen waren verblüfft, als ich ihnen einen Tag nach dieser Befragung die Auswertung ihrer eigenen Antworten vorlegte: 71 Prozent aller gesammelten Adjektive waren offensiv-aggressiven Charakters: „cholerisch", „extravertiert", „dominant", „unsensibel", „direkt", „selbstbewußt" etc. Nur 29 Prozent der gesammelten Adjektive ließen sich dagegen als „beziehungsorientiert" einstufen: „liebevoll", „offen", „freundlich", „warmherzig", „umgänglich", „seelsorgerlich" etc. Besonders typische Begriffe, die man zur Charakterisierung eines (angeblich) effektiven Evangelisten fand, waren: „gut aussehend", „Führertyp", „Showman", „theologisch unreflektiert", „unbelehrbar".

Dann bat ich die Gruppen, den Namen eines Menschen aufzuschreiben, der *sie selbst* nach ihrer Erinnerung am meisten beeinflußt hat, eine Entscheidung für Christus zu treffen – mit anderen Worten: Ich fragte nach einem Menschen, der *nachweislich effektiv* evangelistisch tätig war. Auch ihm sollten sie typische Adjektive zuordnen. Und siehe da, das Ergebnis gegenüber der vorherigen Befragung wurde geradezu auf den Kopf gestellt. Diesmal waren 77 Prozent aller Adjektive beziehungsorientiert, nur 23 Prozent hatten offensiv-aggressiven Charakter.

Das heißt: Während sich effektive Evangelisation *real* offensichtlich primär über einen beziehungsorientierten Ansatz vollzieht, ist unser Bild (= Klischee) von Evangelisation auf einen offensiv-aggressiven Ansatz fixiert. Phantasie und Wirklichkeit stehen in einem schroffen Gegensatz zueinander – wobei die Wirklichkeit glücklicherweise sehr viel angenehmer ist als die Phantasie!

Ich ging noch einen Schritt weiter. Ich bat die beiden Gruppen, mit einigen Begriffen die *Gefühle* zu beschreiben, die ihrer Meinung nach in Menschen, die noch keine Beziehung zu Jesus haben, ausgelöst werden, wenn diese einer evangelistischen Aktion begegnen. Ergebnis: 74 Prozent aller Begriffe waren negativ: „abgestoßen", „skeptisch", „peinlich", „rutsch mir den Buckel runter", „diese Altmodischen" etc. Nur 26 Prozent der gesammelten Worte fielen positiv aus: „angesprochen", „fragend", „betroffen" etc. Kein Wunder, daß wir uns in unserem evangelistischen Dienst so schwer tun, wenn wir davon ausgehen, daß unsere Bemühungen in drei Viertel aller Fälle negative Gefühle auslösen!

Dann fragte ich die Gruppen, was ihre eigenen Gefühle waren, als die Person, die maßgeblich an ihrer Entscheidung für Christus beteiligt war, ihnen das Evangelium nahebrachte. Erneut drehte sich das Ergebnis ins genaue Gegenteil um. 88 Prozent der Begriffe waren positiv: „geliebt", „angenommen", „Freundschaft", „Respekt" etc. Nur 12 Prozent der gesammelten Worte fielen negativ aus.

Diese Befragung hat einmal mehr zum Vorschein gebracht, wie sehr unser Nachdenken über Evangelisation durch Klischees belastet ist. Evangelisation erscheint als etwas ziemlich Schreckliches, Brutales, Unzeitgemäßes, auf jeden Fall nicht als etwas, womit man einem Menschen einen Gefallen tun könnte. Untersuchungen jedoch zeigen: Diese Klischees haben kaum etwas damit zu tun, wie sich Evangelisation in der Praxis wirklich vollzieht.

Das eigentliche Geheimnis: Beziehungen

Um herauszufinden, auf welchen Wegen die meisten Menschen zum Glauben und zur Gemeinde finden, habe ich 1987 mehr als 1 600 engagierte Christen in Deutschland, Österreich und der Schweiz befragt. Jeder konnte beliebig viele Faktoren nennen, die seine Entscheidung für Christus und für die Gemeinde beeinflußt haben. In der Regel wurden eine oder mehrere der folgenden acht Antworten gegeben:

1. Einige sagten, eine „besondere Notlage" habe dazu beigetragen, daß sie sich Christus und seiner Gemeinde zugewandt hätten.

2. Einige antworteten, sie hätten in der Gemeinde „einfach mal vorbeigeschaut".

3. Einige führten den „Pastor" als Grund an.

4. Andere wiesen auf einen „Hausbesuch" hin.

5. Wieder andere erwähnten das „gemeindliche Bildungsprogramm", das sie interessiert habe.

6. Einige Christen führten eine „Großevangelisation" an.

7. Andere wiesen auf christliche Programme im „Radio oder Fernsehen" hin.

8. Und schließlich beantworteten einige die Frage, wie sie zu Christus und seiner Gemeinde gefunden hätten, indem sie auf einen christlichen „Freund oder Verwandten" hinwiesen.

„Evangelisation erscheint als etwas ziemlich Schreckliches, Brutales, Unzeitgemäßes, auf jeden Fall nicht als etwas, womit man einem Menschen einen Gefallen tun könnte."

Wie viele Menschen wurden wohl durch jeden dieser acht Faktoren in ihrer Entscheidung für Christus beeinflußt? Ich war selber gespannt, was wohl das Ergebnis unserer Befragung sein würde. Hier ist es:

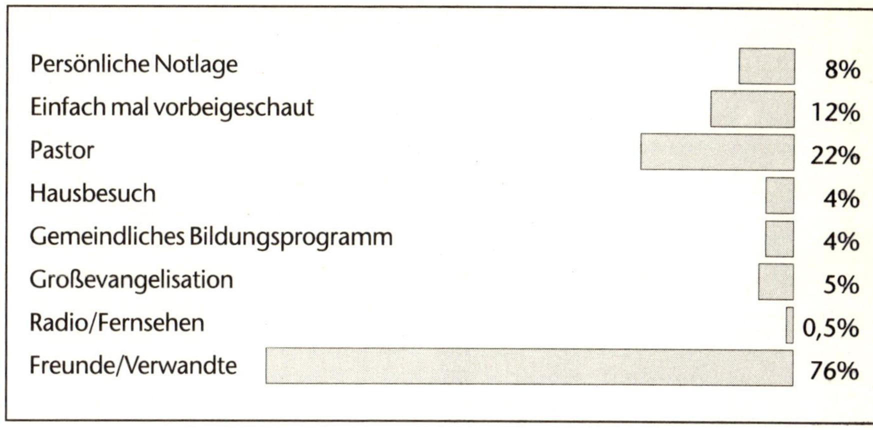

Wodurch finden Menschen zum Glauben und zur Gemeinde? Ergebnisse einer Untersuchung

Auf dieser Liste sind nicht alle Faktoren gelistet, die bei der Befragung genannt wurden (manche Einzelangaben, die in der Rubrik „Sonstiges" abgefragt wurden, ließen sich schlecht irgendwelchen Oberbegriffen zuordnen). Da Mehrfachnennungen möglich waren (und ein Großteil der Befragten gab mehr als nur einen Faktor an), ergibt sich beim Zusammenzählen der Prozentzahlen ein Wert von über 100 Prozent. Wenn ein Mensch zum Beispiel gerade in einer persönlichen „Notlage" war, in dieser Situation von einem „Freund" abgeholt und zu einer „Großevangelisation" eingeladen wurde, in der sein späterer „Pastor" predigte, dann hat er – vorausgesetzt natürlich, daß er sich an alle diese Faktoren noch erinnert – insgesamt vier Kreuzchen gemacht.

Das Ergebnis dieser Befragung ist überraschend eindeutig: Der überwältigende Teil der heute aktiven Christen (76 Prozent) kann seine „geistlichen Wurzeln" auf einen Freund oder Verwandten zurückführen, durch den er zu Christus und zur Gemeinde gekommen ist. Diese Ergebnisse decken sich übrigens weitgehend mit einer Studie, die unter 21 000 Christen in den USA durchgeführt wurde.

Das wirksamste „Medium"

Nachdem wir diese Untersuchung an verschiedenen Stellen veröffentlichten, gab es in der christlichen Szene nicht geringe Kontroversen. Gruppen, die die „Großevangelisation" auf ihre Fahnen geschrieben hatten, sagten: „Der Wert, den ihr für uns ermittelt habt, ist viel zu niedrig." Ähnlich reagierten Christen, die in ihrer Arbeit ganz auf Hausbesuche setzen. Auch einigen Vertretern der christlichen Massenmedien gefiel unser Ergebnis nicht. Sie taten fast so, als wollten wir ihre Arbeit in Mißkredit bringen, indem wir schrieben, für weniger als 0,5 Prozent der von uns Befragten seien Radio oder Fernsehen in ihrem geistlichen Entscheidungsprozeß relevante Faktoren gewesen.

Der Chefredakteur eines christlichen Radiosenders schrieb mir, er habe erst kürzlich „eine ganze Reihe von Hörerechos" gelesen, und „diese Echos und die Erfahrungen, die wir seit vielen Jahren machen, sprechen eigentlich eine ganz andere Sprache". Ich entgegnete ihm, daß die Leute, auf die er sich beruft, offensichtlich Vertreter der von uns identifizierten 0,5 Prozent sind! Wir können Gott von ganzem Herzen danken, daß er den Rundfunk benutzt, um diese Menschen anzusprechen. Das heißt aber noch lange nicht, daß Massenmedien der effektivste Weg sind, um dieses Ziel zu erreichen.

Damit kein falscher Eindruck entsteht: Ich habe absolut nichts gegen Massenmedien. Ich freue mich über den Segen, der von Missionsgesellschaften wie zum Beispiel dem „Evangeliumsrundfunk" ausgeht und werbe, wenn ich unterwegs bin, immer wieder für diese Arbeit. Und ich wäre auch der erste, der sich ein anderes Untersuchungsergebnis *gewünscht* hätte – schon deshalb, weil der Medienansatz meiner Mentalität näher liegt als die langwierigen und manchmal umständlichen persönlichen evangelistischen Bemühungen um Freunde und Verwandte (die nach unserer Untersuchung aber 76 Prozent zu einer Entscheidung für Christus veranlaßten). Nur: Wichtig ist ja nicht, welches Ergebnis mir sympathisch ist. Wichtig ist, den *wirklichen* Faktoren des Gemeindeaufbaus auf die Spur zu kommen.

Auch wenn die Beziehungen zu Freunden und Verwandten in dieser Untersuchung klar hervorstechen, so wird doch andererseits deutlich, daß Gott *jeden einzelnen* Faktor auf unserer Liste – und noch viele mehr – benutzt, um Menschen seine Liebe zu offenbaren: Radiosendungen ebenso wie Hausbesuche, Großevangelisationen ebenso wie Bildungsprogramme, den Pastor ebenso wie den persönlichen Freund. Wenn es allerdings um die Frage geht, welchen Faktor er nachweislich *stärker* als alle anderen benutzt, dann stoßen wir auf die persönlichen Beziehungen, die Christen zu Freunden und Verwandten außerhalb der Gemeinde haben.

Warum ist das so? Beim näheren Nachdenken über diese Frage erscheint das Ergebnis unserer Untersuchung auf einmal gar nicht mehr so verwunderlich. In Massenmedien zum Beispiel kann maximal über Gottes Liebe *geredet* werden (das ist nun einmal die Grenze dieses Mediums); in der persönlichen Beziehung zu einem Christen kann man dagegen ganz konkret *erleben*, wie christliche Liebe sich im Alltag auswirkt. Das ist das Geheimnis dessen, was wir den „Oikos-Faktor" nennen.

Ihre Gedanken:

- *Wie sieht Ihr eigenes Bild von Evangelisation aus? Schreiben Sie hier sechs Adjektive auf, die Ihrer Meinung nach einen „erfolgreichen Evangelisten" charakterisieren:*

1. ______________ 4. ______________

2. ______________ 5. ______________

3. ______________ 6. ______________

„In Massenmedien kann maximal über Gottes Liebe g e r e d e t werden, in der persönlichen Beziehung zu einem Christen kann man dagegen ganz konkret e r l e b e n , wie christliche Liebe sich auswirkt."

- *Welche Person hat Sie am meisten dazu beeinflußt, daß Sie heute selber Christ sind? Ordnen Sie auch ihr sechs für sie typische Adjektive zu:*

1. ______________ 4. ______________

2. ______________ 5. ______________

3. ______________ 6. ______________

Wie der Oikos-Faktor funktioniert

Was ist mit dem Begriff „Oikos-Faktor" gemeint? „Oikos" ist das griechische Wort für „Haus". In der griechisch-römischen Kultur beschrieb „oikos" nicht nur die unmittelbare Familie, mit der man zusammen lebte, sondern schloß ebenso Sklaven, Freunde und selbst Arbeitskollegen mit ein. „Oikos" bezeichnete die Einflußsphäre eines Menschen, sein soziales Beziehungsgeflecht.

Der Oikos-Faktor im Neuen Testament

Es läßt sich im ganzen Neuen Testament zeigen, daß Gott immer wieder den Oikos-Faktor (Freunde, Familien, Bekannte) benutzte, um Menschen das Evangelium nahezubringen. Einige Beispiele:

- Nachdem er einen von Dämonen besessenen Mann geheilt hatte, sagte Jesus zu ihm: „Gehe hin in dein Haus (oikos) zu den Deinen und verkündige ihnen, wie große Wohltat dir der Herr getan und sich deiner erbarmt hat" (Mk. 5,19).

- Als Zachäus zum Glauben gekommen war, sagte Jesus zu ihm: „Heute ist diesem Hause (oikos) Heil widerfahren" (Lk. 19,9).

- Nachdem Jesus den Sohn eines königlichen Beamten geheilt hatte, heißt es: „Und er glaubte mit seinem ganzen Hause (oikos)" (Joh. 4,53).

- Levi folgte Jesus nach und lud viele seiner Zöllnerkollegen – sein „oikos" – zum Essen ein. Das Ergebnis: Viele folgten Jesus nach (Mk. 2,14f).

- Der Apostel Petrus kam zu Jesus aufgrund der Bemühungen eines Menschen aus seinem „oikos", nämlich seines Bruders Andreas: „Der findet zuerst seinen Bruder Simon und spricht zu ihm: Wir haben den Messias gefunden" (Joh. 1,41).

- Ein weiterer Jünger, Nathanael, kam durch seinen Freund Philippus zum Glauben, der zu Nathanael ging und zu ihm sagte: „Wir haben den gefunden, von welchem Mose im Gesetz und die Propheten geschrieben haben, Jesus, Josephs Sohn von Nazareth" (Joh. 1,45).

- In der Apostelgeschichte wird erzählt, wie das erste nichtjüdische Haus durch die Botschaft der Apostel zum Glauben kam. Noch bevor Petrus und einige andere Gläubige bei Kornelius ankamen, hatte dieser „seine Verwandten und nächsten Freunde" zusammengerufen – sein „oikos" (Apg. 10,24). Als Petrus seine Verkündigung beendet hatte, so erzählt die Bibel, nahm das ganze Haus (oikos) das Evangelium an.

- Paulus und seine Begleiter bezeugten Christus einer Geschäftsfrau namens Lydia am Stadtrand von Philippi. Die Bibel berichtet, daß sie die Botschaft annahm und sich mit ihrem Haus (oikos) taufen ließ (Apg. 16,15).

- Als der Kerkermeister von Philippi Paulus und Silas fragte: „Was soll ich tun, daß ich gerettet werde?", da antworteten sie: „Glaube an den Herrn Jesus, so wirst du und dein Haus (oikos) selig!" Und der Kerkermeister „ließ sich taufen und alle die Seinen alsbald und führte sie in sein Haus und deckte ihnen den Tisch und freute sich mit seinem ganzen Hause (oikos), daß er an Gott gläubig geworden war" (Apg. 16,30-34).

Der Oikos-Faktor heute

Auch heute läßt sich nachweisen, daß über den Oikos-Faktor die meisten Menschen zum Glauben kommen. Wir haben von unserem Institut einige Fälle recherchiert, die zeigen, welches Multiplikationspotential der Oikos-Faktor hat. Schauen Sie sich die Abbildung an: Hier finden Sie die Namen von 16 Menschen (samt Alter und Datum ihrer Bekehrung), die über den Hamburger Maurer Michael Lehfeldt zum Glauben gekommen sind.

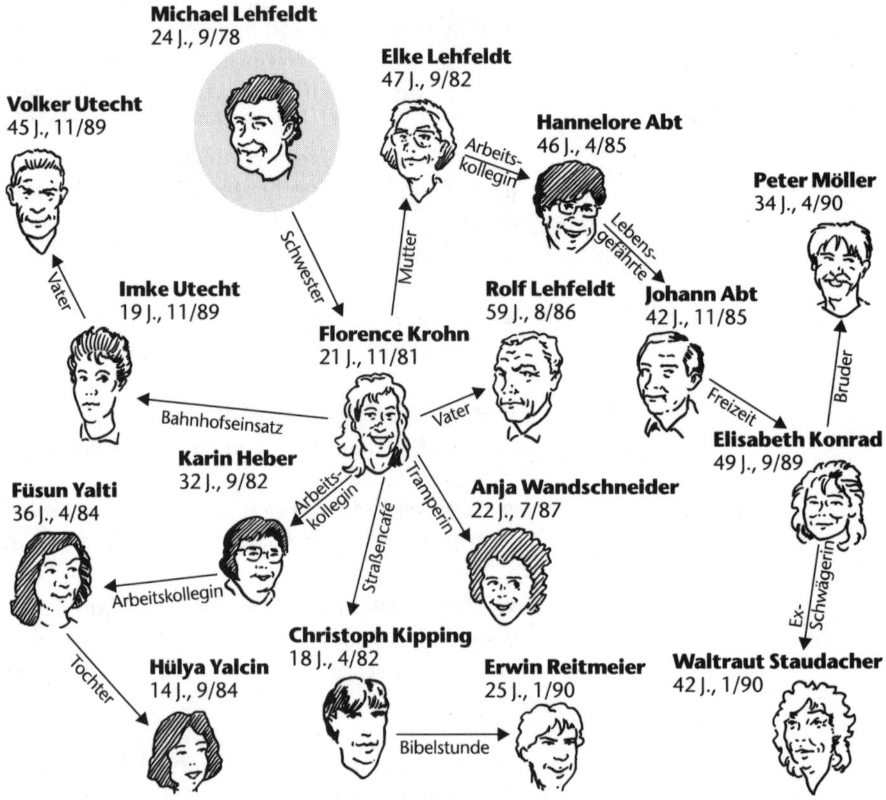

Wie der Oikos-Faktor praktisch funktioniert: Durch den Hamburger Maurer Michael Lehfeldt kamen 16 Personen zum Glauben und zur Gemeinde

Wo immer ich diese Abbildung in Seminaren präsentiere, staunen die Teilnehmer. Einige halten dies bereits für eine „kleine Erweckung". Ist diese nun darauf zurückzuführen, daß Michael Lehfeldt, den man ja wohl als den „Vater" dieser Erweckung ansehen muß, ein geistliches Genie ist?

Keineswegs. Michael Lehfeldt hat noch nicht einmal die Gabe der Evangelisation. Sein Beitrag zu dieser „kleinen Erweckung" war schlicht dieser: Drei Jahre, nachdem er selbst Christ geworden war, führte er seine Schwester Florence zum Glauben. Was er damit allerdings auslöste, war ein gewaltiger Multiplikationsprozeß, der bis zum Frühjahr 1991 dazu führte, daß 16 Menschen Jesus kennenlernten. Und seitdem ist der Prozeß natürlich weitergegangen. Während ich dieses Buch schreibe (Herbst 1992), sind bereits sechs weitere Personen hinzugekommen . . .

„Es ist ein großer Unterschied, ob man das Evangelium von einem Freund bezeugt bekommt oder als ‚religiöse Darbietung' eines völlig fremden Menschen."

Im Unterschied zu Michael Lehfeldt hat seine Schwester Florence die Gabe der Evangelisation. So führte sie nicht nur ihre Eltern und ihre Arbeitskollegin zum Glauben (Oikos-Faktor), sondern gab auch bei Einsätzen am Hamburger Hauptbahnhof, in einem Straßencafé und gegenüber einer Tramperin Zeugnis von Jesus – mit Erfolg. Und diese Menschen benutzte Gott wieder, um deren „oikos" mit der Guten Nachricht zu erreichen: Arbeitskollegen und Ehemänner, Kinder und Schwägerinnen, Freunde und Lebensgefährten.

Ich habe mir alle 16 „Bekehrungsgeschichten" ausführlich erzählen lassen und herausgefunden, daß die meisten davon keineswegs besonders „spektakulär" waren. Manche mögen sie – wie den ganzen Oikos-Prozeß – als wenig „erbaulich" empfinden, weil alles so relativ „normal" verläuft. Aber genau das ist die Art, wie Gott in aller Regel handelt, um Menschen seine Liebe zu zeigen.

Warum ist der Oikos-Faktor so wirksam?

Der Gemeindeaufbau-Forscher Dr. Win Arn, von dessen Untersuchungen auf diesem Gebiet ich viel lernen konnte, hat sieben Gründe ausfindig gemacht, warum der Oikos-Faktor so effektiv ist:

1. Oikos-Beziehungen bilden ein *natürliches Netz*, die Gute Nachricht weiterzusagen. Wer Gottes rettende Liebe erfahren hat, brennt in der Regel darauf, anderen davon zu berichten. Gerade diejenigen, die ihm besonders nahestehen, sollen etwas von der Freude des Glaubens erfahren.

2. Oikos-Mitglieder sind *aufnahmebereiter*. Es ist ein großer Unterschied, ob man das Evangelium von einem Freund bezeugt bekommt oder als „religiöse Darbietung" eines völlig fremden Menschen.

3. Oikos-Beziehungen geben Raum, die Botschaft von der Liebe Gottes *ungezwungen und ohne Hetze* mitzuteilen. Beziehungen zu Oikos-Mitgliedern sind natürlich und kontinuierlich. Der Lebensstil des Christen kann die Liebe Christi in einer Fülle von Situationen konkret werden lassen.

4. Oikos-Beziehungen sorgen für *natürliche Unterstützung*, wenn ein Mensch aus dem eigenen Beziehungsgefüge Christ wird. Wenn ein Freund oder Verwandter eines Christen zum Glauben kommt, so hat er zumindest *einen* Christen in seinem Beziehungsgefüge, der ihm nahesteht und daran interessiert ist, geistliches Wachstum in seinem Leben zu sehen.

5. Oikos-Beziehungen führen zu einer wirksamen *Integration* von Neubekehrten in die Gemeinde. Es ist ein natürlicher Prozeß, daß sich neue Christen der Gemeinde anschließen, zu der auch ihre Freunde oder Familienmitglieder gehören. Über diese Brücke wird es ihnen erleichtert, Kontakte zu anderen Gemeindegliedern zu knüpfen.

6. Oikos-Beziehungen haben die Tendenz, *ganze Familien* zu gewinnen. Wenn erst einmal ein oder zwei Familienmitglieder zum Glauben an Jesus Christus gefunden haben, ist das oftmals der Anfang eines Prozesses, der schließlich die ganze Familie erreicht.

7. Oikos-Beziehungen sorgen für *ständig erweiterte Kontaktmöglichkeiten*. Jeder Mensch, der für Christus und seine Gemeinde gewonnen wird, bringt damit eine neue Gruppe von Verwandten, Freunden und Kollegen mit, die innerhalb seines Beziehungsgefüges stehen, aber noch keine Christen sind. Der Prozeß, aufnahmebereite Menschen ausfindig zu machen und sie zu erreichen, ist somit niemals abgeschlossen.

Zu dieser Liste von Win Arn möchte ich einen weiteren Punkt hinzufügen, der durch unsere Untersuchungen bestätigt wurde: Oikos-Beziehungen eröffnen die einzigartige Möglichkeit, das Angebot des Evangeliums auf die tatsächlich empfundenen *Bedürfnisse* des Gesprächspartners zu beziehen.

Kaum ein Aspekt ist im Blick auf Evangelisation so entscheidend wie der, ob sie die Bedürfnisse des Menschen anspricht – oder an ihnen vorbeigeht. „Bedürfnisorientierte Evangelisation" gehört, wie bereits erwähnt, nach unseren Untersuchungen zu den acht unverzichtbaren Kennzeichen einer wachsenden Gemeinde. Das heißt: Fällt dieser Punkt aus, wird die Gemeinde nicht wachsen – ganz gleich, wie stark die anderen sieben Kennzeichen auch entwickelt sein mögen.

Ihre Gedanken:

- *Welche Faktoren waren maßgeblich daran beteiligt, daß Sie selbst Christ wurden? Kreuzen Sie alle Punkte an, die nach Ihrer Erinnerung auf Sie zutreffen:*

O Persönliche Notlage

O Ich habe in der Gemeinde einfach mal vorbeigeschaut

O Pastor

O Hausbesuch

O Gemeindliches Bildungsprogramm

O Christliches Radio/TV

O Großevangelisation

O Christliche Freunde/Verwandte

O Sonstiges: ____________________

„Kaum ein Aspekt ist im Blick auf Evangelisation so entscheidend wie der, ob sie die Bedürfnisse der Menschen anspricht – oder an ihnen vorbeigeht."

- *Wenn möglich: Stellen Sie einmal in der Gruppe/Gemeinde, zu der Sie gehören, diese Frage (zum Beispiel, indem Sie die oben genannten Faktoren durchgehen und jeden Teilnehmer, auf den einer der Punkte zutrifft, bitten, den Arm zu heben). Sie werden aus einer solchen „Mini-Untersuchung" viel darüber lernen, welche Wege Gott in Ihrer Gemeinde benutzt, um Menschen seine Liebe zu zeigen.*

Die Bedürfnisse ernstnehmen

Vielleicht kann mit der folgenden Zeichnung besser als mit abstrakten Worten deutlich gemacht werden, was mit dem Konzept der „bedürfnisorientierten Evangelisation" gemeint ist. Hier sind zwei Personen zu sehen: ein Christ (im Zentrum seines Lebens steht Christus) und ein Nichtchrist (im Zentrum seines Lebens steht sein eigenes Ego).

Was hat nun der Christ mit dem Nichtchristen gemeinsam? Manche würden sagen (und sagen mir das auch, wenn ich in Seminaren diese Frage stelle): „Nichts, gar nichts. Der Christ steht im Licht, der Nichtchrist in der Finsternis. Zwischen Licht und Finsternis gibt es keine Gemeinsamkeiten, sondern nur eins: Kampf."

Der Ansatz von Evangelisation, der sich aus dieser Anschauung ergibt, läßt sich bildlich etwa so darstellen:

Wo gibt es Berührungspunkte?

Nun ist ohne Zweifel richtig, daß es zwischen Christen und Nichtchristen einen fundamentalen Unterschied gibt: In dem einen Fall regiert Christus die verschiedenen Lebensbereiche, in dem anderen ist das (noch) nicht der Fall.

Aber dieser Unterschied bedeutet nicht, daß es keinerlei Gemeinsamkeiten zwischen Christen und Nichtchristen gäbe. Eine solche Gemeinsamkeit kann zum Beispiel ein gemeinsames Hobby (wie hier die Modellfliegerei) sein. Oder berufliche Interessen. Oder familiäre Probleme. Oder eine Vereinsmitgliedschaft. Oder nachbarschaftliche Berührungspunkte. Oder das politische Engagement. Oder, oder, oder . . . Das Konzept der „bedürfnisorientierten Evangelisation" sieht nun vor, an diesen Gemeinsamkeiten anzuknüpfen, um Menschen etwas von der Liebe Gottes begreiflich zu machen.

Dieser Ansatz ist in christlichen Kreisen nicht unumstritten. Es gibt ernsthafte Christen, die es für illegitim halten, im evangelistischen Dienst auf die Interessen und Bedürfnisse von Nichtchristen einzugehen. Wenn ich in Seminaren den bedürfnisorientierten Ansatz erläutere, dann gibt es fast immer einzelne Teilnehmer, die gar nicht glauben können, daß ich das, was ich zu diesem Punkt sage, wirklich ernst meine. Sie sagen mir: „Mit Bedürfnissen meinst du doch sicher das Bedürfnis nach Gott, das letztlich jeder Mensch hat."

Aber *dieses* Bedürfnis meine ich nun gerade nicht. Wenn jemand zu mir kommt und sagt: „Ich möchte gerne Gott kennenlernen", dann fällt es selbst mir (!) recht leicht, ihm zum Glauben an Jesus Christus zu verhelfen.

Nein, mit „Bedürfnissen" meine ich an dieser Stelle das, was Menschen als ihre Bedürfnisse *empfinden* – nicht das, was ihnen Christen als ihre *wahren* Bedürfnisse einreden. Sexualität, Einsamkeit, Langeweile, Übergewicht, Krankheit, Karriere, Geldnot – das sind einige Stichworte für Bereiche, in denen sich die tatsächlich empfundenen Bedürfnisse vieler Menschen finden lassen. *Sie* – und nicht das möglicherweise hinter ihnen stehende geistliche Bedürfnis nach Gott – sind Ansatzpunkt dessen, was wir als „bedürfnisorientierte Evangelisation" bezeichnen.

Das Bild vom Fischfang

Ich habe nun folgende interessante Erfahrung gemacht: Die gleichen Christen, die sich so sehr dagegen wehren, in der Evangelisation auf die Bedürfnisse von Nichtchristen einzugehen, legen in der Regel um so mehr Wert darauf, daß alles um ihre *eigenen* Bedürfnisse kreist. Aber Evangelisation ist nun einmal nicht dafür da, um Christen anzusprechen, sondern einzig und allein dazu, Nichtchristen zu gewinnen. Die *Formen*, die wir zu diesem Zweck entwickeln müssen, haben sich also an der Zielgruppe zu orientieren.

Den Sachverhalt, um den es hier geht, illustriere ich gerne anhand des Bildes vom Fischfang. In unseren Breiten scheinen die Christen darauf Wert zu legen, daß der Köder an der Angel nicht dem Fisch schmecken muß, sondern dem Angler. Oft ist die Situation sogar so grotesk, daß gefordert wird, der Köder müsse unbedingt dem Freund des Anglers schmecken. Dieser „Freund des Anglers" ist vielleicht der Gemeindepastor, vielleicht ein Oberkirchenrat, vielleicht ein einflußreiches Gemeindeglied – auf jeden Fall aber ein Mensch, der Christus schon kennt und durch die evangelistische Aktion gar nicht gewonnen werden soll. Nichtsdestotrotz wird er unversehens zum Maßstab für die Wahl des Köders.

»Was immer auch Fische dazu verleiten mag, auf jeden Fall scheinen sie eine sonderbare Vorliebe für glitschige Würmer zu haben.«

Ich selber gehe gerne Angeln. Wenn es nach meinem Geschmack ginge, so würde ich – als Liebhaber der mexikanischen Küche – sicherlich scharf gewürzte Tortillas mit Ranchera-Sauce und Guacamole als Köder an der Angel befestigen. Damit wäre meinem Geschmack Genüge getan – und sicherlich auch dem meiner Freunde, die mit mir die mexikanische Küche lieben. Nur:

„Ich sage dir: Mit dieser leckeren Käse-Sahne-Torte fängst du die meisten Fische."

Auf diese Weise würde ich keinen einzigen Fisch fangen (oder allenfalls Fische, die irgendeinen genetischen Defekt haben, was es ja auch geben soll)!

Was immer auch Fische dazu verleiten mag, auf jeden Fall scheinen sie eine sonderbare Vorliebe für glitschige Würmer zu haben. Wenn sich nun einer meiner Freunde bei mir beschwerte und sagte: „Du mußt unbedingt einen anderen Köder nehmen, denn diese Würmer schmecken mir nicht", dann würde ich ihm sagen: „Sie sollen *dir* auch gar nicht schmecken. Ich möchte damit *Fische* fangen."

Nun ist das Bild mit dem Angelhaken und dem Köder sicherlich nicht das allerschönste. Aber in solchen Gleichnissen geht es ja nicht darum, sie Detail für Detail zu übertragen, sondern den *einen* Bezugspunkt zwischen Bild- und Sachebene zu finden. Und dieser Bezugspunkt sind die Bedürfnisse derer, die wir gewinnen wollen.

Vom anderen her denken

Das gleiche Prinzip, das im Bild des Fischfangs so offensichtlich zu sein scheint, wird in den meisten christlichen Gruppen mit Füßen getreten. Es sind keineswegs die Fragen und Bedürfnisse von Nichtchristen, von denen her man geeignete evangelistische Formen entwickelt. Ganz im Gegenteil: In aller Regel sind es die Gewohnheiten, das Stilempfinden und oft auch die Ängste der Christen, die zum Maßstab für die Wahl des evangelistischen „Köders" werden.

Wir haben in unserem Institut unzählige Beispiele für (angeblich) evangelistische Bemühungen gesammelt, die genau an diesem Defizit leiden. Ich weiß von innovativ-originellen Traktaten, die zu Zehntausenden eingestampft werden mußten, weil Christen an einzelnen Formulierungen oder Abbildungen Anstoß nahmen; von zielgruppenorientierten Veranstaltungen, die abgesagt werden mußten, weil die „christliche Mafia" ästhetische Schwierigkeiten artikulierte; von Sitzungen und Sondersitzungen über bestimmte Formen der Evangelisation, bei denen es keineswegs darum ging, die Bedürfnisse der Zielgruppe herauszufinden (für die interessierte man sich eigentlich so gut wie gar nicht), sondern darum, ob Oberkirchenrat XYZ (der „Freund des Anglers" sozusagen) möglicherweise Schwierigkeiten damit haben könnte.

Mit Tortillas auf Fischfang

Wie sehr es sich in christlichen Kreisen eingebürgert hat, mit Tortillas und Guacamole Fische zu fangen, wurde mir vor einigen Jahren deutlich, als ich im Auto zu einer Veranstaltung unterwegs war und auf der Fahrt am Autoradio herumspielte. Ich hörte kurz in die unterschiedlichsten Programme hinein, bis ich plötzlich auf einen Sender stieß, von dem ich sofort merkte: „Der muß fromm sein!"

Woran ich das merkte? Nun, ich konnte von dem gerade gesendeten Lied zwar kein einziges Wort verstehen, aber die seltsam hohe Stimme, die mit einem merkwürdigen Tremolo zu den Akkorden eines Harmoniums süßliche Lieder sang, hatte eine Ausstrahlung, die ich nur aus frommen Kreisen kenne. Auf anderen Programmen hört man so etwas nicht!

Daß mir persönlich dieses Lied und auch die ganze Sendung, die sich daran anschloß, nicht gefiel, ist reine Geschmackssache. Ich bezweifle nicht, daß dieses Programm, zusammengestellt von einer sehr kleinen christlichen

Gruppe in unzähligen Stunden ehrenamtlicher Arbeit, vielen Christen gefiel – zum Beispiel solchen, die 1952 in einer Evangelisationsveranstaltung mit ähnlichen harmoniumbegleiteten Glaubensliedern selbst Christen geworden sind. Ich kann mir lebhaft vorstellen, wie diese Erinnerungen an die „gute alte Zeit" geradezu nostalgische Gefühle auslösen, die diese Christen als sehr angenehm und „erbaulich" empfinden. Bedürfnisse sind nun einmal unterschiedlich, und ich halte es in einer freien Welt für legitim, daß auch auf solche Bedürfnisse eingegangen wird!

Etwas sprachlos wurde ich indessen, als ich im Nachspann der Sendung erfuhr, daß Programme dieser Art nach der Überzeugung der Programmgestalter der „wirksamste Weg" seien, „um die Welt zu gewinnen". Wenn man gesagt hätte, dies sei der wirksamste Weg, um ein gewisses Segment der Christenheit zu unterhalten oder innerlich zu stärken, hätte ich das ja verstanden. Das ganze Programm war nämlich einzig und allein auf die Bedürfnisse, das Stilempfinden und die Gefühlswelt von gewissen Gruppen innerhalb der Christenheit abgestellt. Aber auf diese Weise „die Welt gewinnen"? Das ist genauso absurd, als wenn ich mit Tortillias, Ranchera-Sauce und Guacamole Fische fangen wollte!

Wir werden auf die Frage nach den Bedürfnissen in Teil 2 und 3 dieses Buches, wo es um die Praxis geht, noch zurückkommen. Hier ging es mir lediglich darum, auf das grundlegende *Prinzip* aufmerksam zu machen.

Ihre Gedanken:

- *Sicherlich sind Sie selbst schon evangelistischen Aktivitäten (Veranstaltungen, Straßenaktionen, Büchern, Artikeln, Musikeinsätzen etc.) begegnet. Listen Sie hier in der linken Spalte einige dieser Aktivitäten auf. Schreiben Sie in die mittlere Spalte den Teil der jeweiligen Aktivität, der von den Bedürfnissen der Zielgruppe (Nichtchristen) geprägt war, und in die rechte Spalte den Teil, bei dem die Gewohnheiten der Christen die Oberhand gewonnen hatten. Die erste Zeile ist ein Beispiel, wie das Ganze am Ende aussehen könnte.*

Evangelistische Aktivität	**Für Nichtchristen ansprechend**	**Von den Gewohnheiten der Christen geprägt**
„Zeugnis" von Hans im letzten Gemeindebrief	Das Zeugnis reflektiert Fragen, die viele Menschen haben	Überschrift „Die Liebe Christi dränget mich"

„Warum stößt das Evangelium so häufig auf Ablehnung? Wohl auch deshalb, weil unsere Evangelisationsmethoden oft haarsträubend sind."

Durch offene Türen gehen

Woran liegt es, daß das Evangelium so häufig auf Ablehnung stößt? Wo immer ich in christlichen Kreisen diese Frage stelle, erhalte ich Antworten wie diese:

- „Weil die Menschen von Gott nichts mehr wissen wollen."

- „Weil jeder nur noch an sich selbst denkt."

- „Weil das Evangelium nun mal ein Ärgernis ist."

Diese Antworten sind sicherlich nicht falsch. In unzähligen Fällen vermögen sie zu erklären, warum sich Menschen gegen die Botschaft des Evangeliums entscheiden. Ich wundere mich nur, daß ich so gut wie nie Antworten wie diese höre:

- „Weil wir Christen den Glauben zu unattraktiv leben."

- „Weil unsere Evangelisationsmethoden oft haarsträubend sind."

- „Weil wir uns an geschlossenen Türen den Kopf einrennen, anstatt durch geöffnete Türen zu gehen."

Was ist eine offene Tür?

Viele Fälle, in denen das Evangelium auf Ablehnung stößt, lassen sich schlicht dadurch erklären, daß wir als Christen gravierende Fehler machen. Dabei habe ich die Beobachtung gemacht, daß wir uns besonders schwer tun, das biblische Prinzip der „offenen Tür" zu beherzigen. Was ist mit diesem Begriff gemeint?

Der Begriff der „offenen Tür" taucht an vier verschiedenen Stellen bei Paulus (bzw. im Zusammenhang mit ihm) auf:

- Apg. 14,27: „Als sie aber hinkamen, versammelten sie die Gemeinde und verkündigten, wieviel Gott, der mit ihnen war, getan hatte und daß er den Heiden hätte die Tür des Glaubens aufgetan."

- 1. Kor. 16,8-9: „Ich werde aber zu Ephesus bleiben bis Pfingsten. Denn mir ist eine große Tür aufgetan, die viel Frucht wirkt."

- 2. Kor. 2,12-13: „Als ich aber nach Troas kam, zu predigen das Evangelium Christi, und mir eine Tür aufgetan war in dem Herrn, da hatte ich keine Ruhe in meinem Geist . . ."

- Kol. 4,3-4: „Betet zugleich auch für uns, auf daß Gott uns eine Tür für das Wort auftue, zu sagen das Geheimnis Christi, um deswillen ich auch gebunden bin."

Aus der Art und Weise, wie Paulus den Begriff „offene Tür" verwendet, können wir schließen, daß er in seinem Dienst mit offenen Türen rechnete, dafür betete, sie suchte und dann auch nutzte. Paulus bezeichnete eine Tür immer dann als „offen", wenn die Verkündigung der Guten Nachricht auch sichtbare Wirkung zeigte.

Im deutschsprachigen Bereich hat dieses Wort eine etwas andere Bedeutung gewonnen. Wir reden zum Beispiel davon, daß wir in unseren Ländern „offe-

ne Türen" für die Verbreitung des Evangeliums haben, und meinen damit schlicht, daß es bei uns – im Gegensatz zu manchen diktatorischen Regimes – nicht verboten ist, das Evangelium zu verkünden. Das aber ist nicht die biblische Bedeutung dieses Begriffs. Bei Paulus ist eine Tür erst dann offen, wenn auch das entsprechende Resultat eintritt: Menschen kommen zum Glauben!

Von Paulus läßt sich lernen, wie wichtig es ist, sich im evangelistischen Dienst auf „offene Türen" zu konzentrieren. Wenn er in eine Stadt kam, krempelte er nicht einfach die Ärmel hoch, organisierte eine Kiste, stieg darauf und begann auf die Leute loszupredigen. Paulus achtete darauf, an welcher Stelle ihm der Geist Gottes eine Tür öffnete und welche. Diese mußte immer wieder neu herausgespürt werden.

Heute evangelisieren wir viel zu oft, ohne nach offenen Türen Ausschau zu halten – Hauptsache, es wird evangelisiert. Dadurch können wir aber dem Evangelium Schaden zufügen, so daß sich geschlossene Türen möglicherweise noch fester verschließen. Ganz abgesehen davon frustriert ein solches Verfahren mittelfristig die motiviertesten Mitarbeiter, weil sie selten die Freude erleben, wie das Evangelium auch tatsächlich zum Ziel kommt.

Offene Türen heute: Übergangsphasen

Was können heute offene Türen für das Evangelium sein? Die Gemeindeaufbau-Forschung ist darauf gestoßen, daß es bestimmte Zeiten im Leben von Menschen gibt, in denen sie aller Wahrscheinlichkeit nach aufnahmebereiter für das Evangelium sind als in anderen Zeiten. Diese Zeiten werden „Übergangsphasen" genannt.

Von einer Übergangsphase ist dann zu reden, wenn sich im Leben eines Menschen bzw. einer Familie eine tiefgehende Änderung vollzieht (wie Ehe, Geburt eines Kindes, Wechsel des Arbeitsplatzes, Umzug, Pensionierung) oder wenn sie sich in einer Krise befinden (zum Beispiel Tod eines Ehepartners, Scheidung, familiäre Spannungen, schwere Krankheit). Eine Übergangsphase ist eine Zeitspanne, in der der gewohnte Lebensrhythmus eines Menschen oder einer Familie durch ein bestimmtes Ereignis unterbrochen wird. In einer solchen Phase sind Menschen in der Regel besonders dankbar und empfänglich für einen neuen Lebensstil, der Christus und die Gemeinde einschließt.

Zum Beispiel ist ein junges Paar kurz nach der Eheschließung in einer typischen Übergangsphase und folglich auch offen für Veränderungen mannigfacher Art. Aber auch eine Ehescheidung kann Auslöser für solch eine Übergangsphase sein. Die Geburt eines Kindes bringt tiefgreifende Änderungen im Lebensstil mit sich und kann eine solche Phase auslösen. Wenn ein Familienmitglied im Krankenhaus liegt, ist der Einzelne ebenso wie die Familie in der Regel dankbar für Hilfe und Unterstützung von seiten der Gemeinde. Alle diese Ereignisse können wunderbare Gelegenheiten sein, Christi Liebe ganz konkret zu bezeugen.

„W a n n wir die Botschaft von Gottes Liebe weitergeben, kann genauso wichtig sein wie das, w a s wir sagen."

Die folgende Skala enthält verschiedene Ereignisse (in der Reihenfolge ihrer Bedeutung), die Einfluß darauf haben, ob sich eine Person oder Familie in einer Übergangsphase befindet. Die Zahlen weisen auf die Bedeutung der jeweiligen Ereignisse (im Verhältnis zu anderen) hin.

In vielen Fällen erleben Menschen mehr als eins der gelisteten Ereignisse gleichzeitig, so daß die entsprechenden Werte zusammengezogen werden

Tod des Ehepartners	100
Scheidung	73
Trennung vom Ehepartner	65
Gefängnisaufenthalt	63
Tod eines nahen Familienangehörigen	63
Schwere Krankheit	53
Eheschließung	50
Verlust/Wechsel des Arbeitsplatzes	47
Wiederversöhnung mit dem Ehepartner	45
Pensionierung	45
Schwangerschaft	40
Familienzuwachs	39
Gehaltserhöhung bzw. -kürzung	38
Tod eines nahen Freundes	37
Schuldenaufnahme über DM/Fr. 20 000	35
Sohn oder Tochter verläßt das Haus	29
Ehepartner beginnt neue Arbeit	26
Schulbeginn bzw. -abschluß	26
Ärger am Arbeitsplatz	23
Änderung der Arbeitszeiten	20
Umzug	20
Schulwechsel	20
Neues Hobby	19
Schuldenaufnahme unter DM/Fr. 20 000	18
Änderung der Schlafgewohnheiten	16
Urlaub	13
Kleinere Gesetzesübertretung	11

können (z.B. ist eine Eheschließung oft mit einem Umzug und einem Arbeitsplatzwechsel verbunden). Als Faustregel können wir davon ausgehen, daß die Aufnahmebereitschaft für das Evangelium um so größer ist, je stärker ausgeprägt die jeweilige Übergangsphase ist.

Wann wir die Botschaft von Gottes Liebe weitergeben, kann genauso wichtig sein wie das, *was* wir sagen. Das beste Zeugnis ist das, das zum richtigen Zeitpunkt geschieht. Das Prinzip der offenen Tür bewahrt uns vor der selbst auferlegten Frustration, laufend mit dem Kopf vor verschlossene Türen zu rennen. Es befähigt uns, ein Gespür für Situationen zu bekommen, in denen Gott die Menschen schon vorbereitet hat.

Ihre Gedanken:

● *Gehen Sie die Liste mit Faktoren, die die Aufnahmebereitschaft für das Evangelium beeinflussen können, Punkt für Punkt durch. Fragen Sie sich bei jedem einzelnen der genannten Faktoren: Kenne ich Menschen, auf die der genannte Punkt zutrifft/zutreffen könnte? Tragen Sie die entsprechenden Namen in die Liste ein. Achten Sie dabei darauf, daß das betreffende Ereignis nicht länger als vier Wochen zurückliegt. Gibt es am Ende bestimmte Namen, die mehr als einmal auf der Liste erscheinen? Könnte dies ein Hinweis darauf sein, daß diese Menschen besonders aufnahmebereit für das Evangelium sind?*

Faktoren, die die Aufnahmebereitschaft beeinflussen	**Menschen, auf die das derzeit zutrifft/zutreffen könnte**
Tod des Ehepartners	____________
Scheidung	____________
Trennung vom Ehepartner	____________
Gefängnisaufenthalt	____________
Tod eines nahen Familienangehörigen	____________
Schwere Krankheit	____________
Eheschließung	____________
Verlust/Wechsel des Arbeitsplatzes	____________
Wiederversöhnung mit dem Ehepartner	____________
Pensionierung	____________
Schwangerschaft	____________
Familienzuwachs	____________
Gehaltserhöhung bzw. -kürzung	____________
Tod eines nahen Freundes	____________
Schuldenaufnahme über DM/Fr. 20 000	____________
Sohn oder Tochter verläßt das Haus	____________
Ehepartner beginnt neue Arbeit	____________
Schulbeginn bzw. -abschluß	____________
Ärger am Arbeitsplatz	____________
Änderung der Arbeitszeiten	____________
Umzug	____________
Schulwechsel	____________
Neues Hobby	____________
Schuldenaufnahme unter DM/Fr. 20 000	____________
Änderung der Schlafgewohnheiten	____________
Urlaub	____________
Kleinere Gesetzesübertretung	____________

»Untersuchungen ergaben, daß nur drei von hundert der getroffenen Entscheidungen auch dazu geführt hatten, daß der betreffende Mensch in einer Ortsgemeinde zu finden war.«

Die Integration in die Gemeinde gehört dazu

Es gibt evangelistische Programme, die ihr Ziel darin sehen, daß möglichst viele Menschen eine wie auch immer geartete „Entscheidung" für Christus treffen: Man geht als sichtbares Zeichen für diese Entscheidung bei Großveranstaltungen nach vorne, hebt den Arm, füllt eine Kontaktkarte aus, ruft eine bestimmte Telefonnummer an oder artikuliert auf andere Weise, daß das eigene Leben von nun an Christus gehören soll.

Sobald diese „Entscheidung" gefallen ist, gilt das eigentliche Ziel der Evangelisation als erreicht. Die Bekehrung ist abgeschlossen, alles weitere hat, wie das bezeichnende Wort „Nacharbeit" verrät, im wahrsten Sinne des Wortes nachgeordnete Bedeutung.

Extreme Vertreter dieses Ansatzes gehen davon aus, daß sich da, wo sich ein Mensch wirklich für Christus entschieden hat, alles andere schon automatisch ergeben wird. Und selbst dann, wenn sie an diese Art von Automatismus nicht glauben sollten, betreiben sie doch das, was sie selbst als „Nacharbeit" bezeichnen, relativ halbherzig. Von ihrem Ansatz her ist das auch sehr verständlich. Die eigentliche Schlacht ist ja bereits geschlagen.

Warum so viele Christen auf der Strecke bleiben

Was würden Sie schätzen: Wieviel Prozent der Menschen, die im Rahmen derartiger Evangelisationen eine verbale Entscheidung für Christus treffen, sind auch noch nach einem Jahr als verantwortliche Glieder in einer lebendigen Gemeinde zu finden? Wenn ich diese Frage in Seminaren stelle, schwanken die Schätzungen der Teilnehmer zwischen 50 und 70 Prozent. Das heißt, man geht relativ selbstverständlich davon aus, daß ein erheblicher Teil derjenigen, die eine solche Entscheidung getroffen haben, niemals Zugang zur christlichen Gemeinschaft finden werden.

In Wahrheit ist die Differenz zwischen verbalen „Entscheidungen" und „Eingliederungen" in die christliche Gemeinde noch weitaus dramatischer. Meines Wissens gibt es zu dieser Frage noch keine Untersuchungen, die mit repräsentativem Anspruch aufwarten könnten. Überall dort jedoch, wo dieser Frage gleichsam „stichprobenartig" nachgegangen wurde, kamen schockierende Zahlen dabei heraus.

Zum Beispiel hatte vor einigen Jahren eine großangelegte evangelistische Kampagne in den USA das Ergebnis, daß auf die Darlegung der „vier geistlichen Tatsachen" nach Angaben der Veranstalter „viele Tausend Entscheidungen für Christus" fielen. Jedoch: Untersuchungen, die mein Freund Win Arn, von Beruf Gemeindeaufbau-Forscher, ein Jahr später durchführte, ergaben, daß nur drei von hundert der getroffenen Entscheidungen auch dazu geführt hatten, daß der betreffende Mensch in einer Ortsgemeinde zu finden war. Und: Die Hälfte derjenigen, die sich als Ergebnis der Aktion einer neuen Gemeinde anschlossen, hatten dafür ihre alte verlassen.

Bei der Untersuchung einer Billy-Graham-Evangelisation, die ebenfalls von Win Arn geleitet wurde, betrug das Verhältnis zwischen „Entscheidungen" und „eingegliederten Christen" 100:15. Das heißt: Von hundert Menschen, die während der Veranstaltung zu einer Entscheidung nach vorne kamen, waren nach einem Jahr 15 Personen verantwortliche Glieder einer Ortsgemeinde. Nach stichprobenartigen Befragungen, die ich selber in Deutschland durchführte, scheint es mir durchaus realistisch zu sein, von einer Zahl zwischen 3 und 15 Prozent auszugehen.

Schluß mit der Augenwischerei

Wenn heute in Ihrer Gemeinde durch eine Evangelisation, die von diesem Ansatz geprägt ist, 10 Personen eine Entscheidung für Christus treffen, ist realistisch davon auszugehen, daß zwischen 0 und 2 Personen auch nach einem Jahr noch dabei sind. Alles andere ist Augenwischerei.

Das Problem ist also gar nicht einmal so sehr, daß in unserem Land zu wenige Menschen eine Entscheidung für Christus treffen. Das Problem ist vielmehr, daß viel zu viele Menschen, die bereits eine Entscheidung für Christus getroffen haben, niemals Zugang zu einer christlichen Gemeinde finden. Wenn nur all diejenigen, die eine verbale „Entscheidung" getroffen haben, auch langfristig dabei blieben, würde sich die Zahl der Christen in unserem Land innerhalb kürzester Zeit vervielfachen!

Was ist nun mit denjenigen, die irgendwann einmal eine „Entscheidung" treffen, aber nach einem Jahr schon in keiner Gemeinde mehr zu finden sind? Auch an dieser Stelle gibt es keine repräsentativen Untersuchungen, so daß man nur Vermutungen anstellen kann. Bei einem erheblichen Teil von ihnen ist sicherlich davon auszugehen – Befragungen bestätigen das –, daß sie nicht nur der Gemeinde, sondern auch Christus selbst den Rücken gekehrt haben.

Andere wiederum mögen sich zwar bemühen, in ihrer persönlichen Sphäre das, was sie unter Glauben verstehen, praktisch werden zu lassen. Da aber Glaube immer auch Gliedschaft am Leib Christi und folglich Gemeinschaft mit Schwestern und Brüdern bedeutet, kann ein derartiger individualisierter „Glaube" sich niemals gesund und kraftvoll entfalten. Vermutlich wird er reichen, um die Ewigkeit gemeinsam mit Christus zu verbringen; zu einem wirklich glücklichen und gesunden und erfüllten und attraktiven Leben hier auf Erden reicht er indessen nicht.

Die „Engel-Skala"

Im Unterschied zu dem eben skizzierten Verständnis von Evangelisation, das auf den verbalen Akt der Entscheidung fixiert ist, geht die Gemeindeaufbau-Bewegung davon aus, daß der Bekehrungsprozeß eines Menschen noch nicht wirklich abgeschlossen ist, so lange dieser nicht in eine christliche Gemeinde eingegliedert ist. Mit anderen Worten: Die Integration in eine Gemeinschaft von Christen gehört zum Bekehrungsprozeß untrennbar dazu.

„Da Glaube immer auch Gemeinschaft mit Schwestern und Brüdern bedeutet, kann ein individualisierter ‚Glaube' sich niemals gesund und kraftvoll entfalten."

Kaum jemand hat auf diesen Sachverhalt eindrücklicher hingewiesen als der Kommunikationswissenschaftler Prof. James Engel. Er hat einen Großteil seiner Zeit darauf verwandt, die unterschiedlichen Stufen, die ein Mensch in seinem geistlichen Entscheidungsprozeß („Bekehrungsprozeß") durchläuft, zu analysieren. Die graphische Darstellung der Ergebnisse seiner Untersuchung, die nach ihrem Erfinder den Namen „Engel-Skala" trägt, wurde zu Recht weltberühmt.

Hier eine für europäische Verhältnisse modifizierte Fassung der Engel-Skala, wie wir sie in unserer Institutsarbeit verwenden:

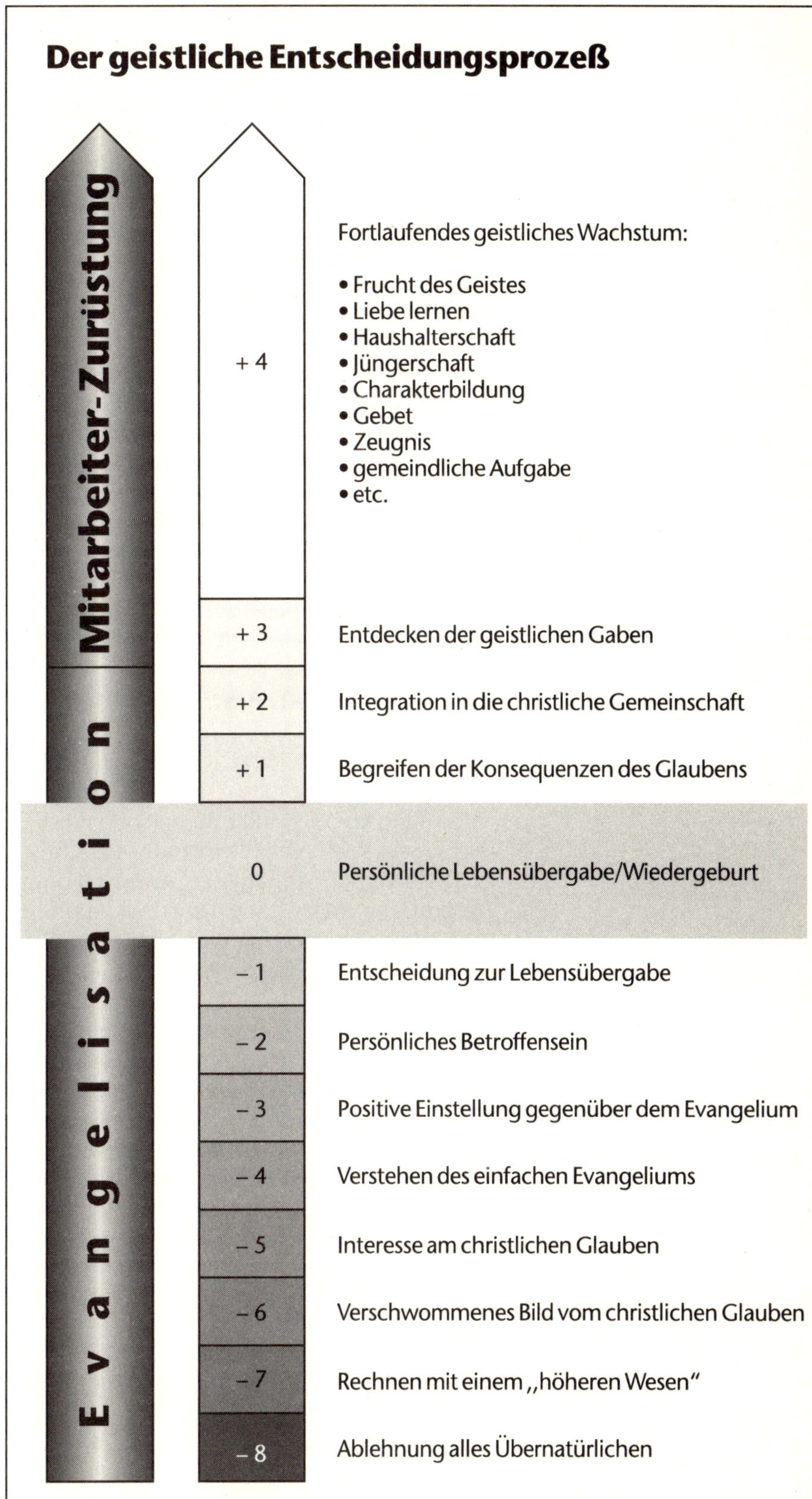

Die Engel-Skala: In der Regel durchläuft ein Mensch unterschiedliche Stufen, bis er Christ und Glied einer Gemeinde wird

Auf dieser Skala werden verschiedene Stufen von –8 („Ablehnung alles Übernatürlichen") bis +4 („Fortlaufendes geistliches Wachstum") unterschieden. Bekehrung wird also weniger als ein punktuelles Ereignis verstanden, sondern vielmehr als ein längerer Prozeß, der unterschiedliche Phasen durchläuft. Im Zentrum dieser Skala steht die Stufe 0 („Persönliche Lebensübergabe / Wiedergeburt"). Allerdings endet der Evangelisationsprozeß, der auf dem linken Balken dargestellt wird, bezeichnenderweise nicht an dieser Stelle, sondern er reicht bis zur Stufe +2 („Integration in die christliche Gemeinschaft"). Erst an dieser Stelle kommt der Evangelisationsprozeß zu seinem Abschluß – und es beginnt das, was wir als „Mitarbeiter-Zurüstung" bezeichnen.

Mir persönlich hat diese Skala ungeheuer geholfen, zu verstehen, worum es bei Evangelisation wirklich geht. Natürlich geht es im Zentrum um das, was wir theologisch als „Wiedergeburt" (in der Skala Stufe 0) bezeichnen. Allerdings ist nicht nur die Tatsache, daß ein Mensch *diesen* Punkt erreicht, als „evangelistischer Erfolg" zu werten; es ist auch ein Fortschritt, wenn jemand auf der Skala – bildlich gesprochen – von –8 nach –2 gelangen sollte. Er ist dann zwar noch kein Christ, aber er ist näher an dem, was Christsein bedeutet, als vorher. Andererseits: Weder die Evangelisation noch der Bekehrungsprozeß können als abgeschlossen angesehen werden, solange ein Mensch nicht in die Gemeinschaft von Christen integriert ist.

Die eigene Effektivität überprüfen

Vor einigen Jahren lernte ich den „Erfinder" der Engel-Skala, Prof. James Engel, kennen. Er erzählte mir davon, daß er ursprünglich aus dem säkularen Marketing komme und nun, nachdem er sich selbst zu Christus bekehrt habe, sein Wissen der Gemeinde Jesu Christi zur Verfügung stellen wolle. „Im Marketing", so sagte er, „habe ich ungeheuer strenge Maßstäbe kennengelernt, die Effektivität jeder Arbeit zu prüfen. Wenn das schon säkulare Marketingstrategen mit großer Akribie tun, sollte für uns Christen eine solche vorurteilslose Effektivitätskontrolle eigentlich selbstverständlich sein."

So die Worte des Professors und seine Sicht dessen, was eigentlich sein „sollte". In der Realität jedoch, das weiß James Engel ebenso gut wie die meisten von uns, stimmt dieser Satz nun überhaupt nicht. Eher scheint das genaue Gegenteil richtig zu sein: Während zum Beispiel in der Wirtschaft die Effektivität der eigenen Arbeit – aus welchen Motivationen auch immer – in aller Regel sehr genau überprüft wird, scheint man sich in der christlichen Szene weitgehend angewöhnt zu haben, sich an dieser Stelle etwas in die Tasche zu lügen – wenn man nicht gar so weit fortgeschritten ist, die Frage nach einer Effektivitätskontrolle gänzlich abzulehnen. „Gerade Christen", so sagt James Engel, „neigen dazu, Wunsch und Wirklichkeit kräftig durcheinanderzuwirbeln."

Wann immer Engel sich auf den Weg macht, die tatsächliche Effektivität von evangelistischen Bemühungen zu untersuchen, sind seine Ergebnisse in aller Regel niederschmetternd. Ich traute meinen Ohren nicht, als er Beispiele nannte, was von so manchen Zahlen über angebliche „Missionserfolge" tatsächlich zu halten ist. Zum Beispiel untersuchte er einmal eine evangelistische Aktion, die als Ergebnis von christlichen Radio- und Fernsehsendungen 55 000 „Telefonbekehrungen" zählte. Als Engel einen Teil dieser angeblich „Bekehrten" befragte, fand er heraus, daß weniger als 10 Prozent von ihnen sich als „aktive Christen" bezeichneten. Nur ein verschwindend kleiner Teil der Befragten war auch tatsächlich aktives Glied einer Gemeinde geworden.

»Gerade Christen neigen dazu, Wunsch und Wirklichkeit kräftig durcheinanderzuwirbeln.«

Lassen wir uns nicht von propagandistischen Zahlen blenden! „Entscheidungen" sind, wie die Erfahrung zeigt, nicht sehr schwer zu erreichen. Viel schwerer ist es, Menschen zu einer solchen Entscheidung zu verhelfen, die zu einem wirklich gesunden Glauben in einer lebendigen Gemeinschaft von Christen und im Dienst an anderen Menschen führt. Wie dies in unseren Gemeinden besser als bisher geschehen kann – darum geht es in diesem Buch.

Ihre Gedanken:

- *Was würden Sie schätzen: Wieviel Prozent derjenigen, die in Ihrer Gruppe/Gemeinde zum Glauben kommen, sind nach einem Jahr auch integrierte, engagierte Gemeindeglieder? Bei dieser Schätzung müssen Sie sehr aufpassen: Der größte Teil von Neubekehrten, die keinen Zugang zur Gemeinde finden, wird von den Christen in der Regel gar nicht wahrgenommen!*

_______ Prozent

- *Denken Sie an fünf Menschen aus Ihrer Verwandtschaft bzw. Ihrem Freundes- bzw. Bekanntenkreis, die noch keine persönliche Beziehung zu Jesus haben. Was vermuten Sie: Auf welcher Stufe der Engel-Skala steht jeder einzelne von ihnen? Und: Was könnte den entsprechenden Personen helfen, weitere Fortschritte auf ihrem Weg zu einem Leben mit Jesus zu machen?*

Name	**Stufe**	**Was könnte ihm/ihr weiterhelfen?**
1. ____________	_____	____________________
		____________________
2. ____________	_____	____________________
		____________________
3. ____________	_____	____________________
		____________________
4. ____________	_____	____________________
		____________________
5. ____________	_____	____________________
		____________________

Die Gabe der Evangelisation

Wenn Paulus in Römer 12 und 1. Korinther 12 das Bild vom Leib Christi mit den verschiedenen Gliedern gebraucht, dann wird daraus deutlich, daß für die Gesundheit einer Gemeinde ausnahmslos jeder Christ wichtig ist. Welche Gabe mir Gott auch gegeben haben mag – Organisation, freiwillige Armut, Gebet, Heilung, Evangelisation, Erkenntnis oder eine andere –, wenn ich sie nicht in den Leib Christi einbringe, funktioniert dieser auch nicht so, wie Gott es eigentlich beabsichtigt hat.

X

Normalerwexse funktxonxert dxe Schrexbmaschxne ganz ausgezexchnet, doch heute stxmmt etwas nxcht mxt exner der Tasten. Alle anderen vxerundvxerzxg Tasten sxnd xn bester Ordnung, dennoch fällt sofort xns Auge, daß exne ausgefallen xst.

Dxese ausgefallene Taste zexgt uns, wxe wxchtxg es xst, daß sxch kexn exnzxger Chrxst davor drückt, dxe Gaben, dxe Gott xhm gegeben hat, für das Rexch Gottes exnzusetzen!

„Dxe anderen kommen auch ohne mxch aus", mag sxch mancher denken. Wenn sxch aber exn Chrxst vor der Aufgabe, dxe Gott xhm gegeben hat, drückt, kann er nxcht erwarten, daß sexne Gemexnde so funktxonxert, wxe Gott es für sxe vorgesehen hat. Jemand anderes wxrd vxellexcht exnsprxngen, der dxe entsprechende Gabe nxcht hat. Das Ganze ergxbt, wxe an dxesem Text unschwer zu erkennen xst, kexn sehr schönes Bxld.

Jeder Chrxst, der mexnt, er werde nxcht benötxgt, soll an dxese Schrexbmaschxne denken und sxch sagen: „Es kommt auf mxch an! Xch bxn mxtverantwortlxch dafür, daß Gottes Gemexnde Gestalt gewxnnt und wächst!"

„Welche Gabe mir Gott auch gegeben haben mag – wenn ich sie nicht in den Leib Christi einbringe, funktioniert dieser auch nicht so, wie Gott es eigentlich beabsichtigt hat."

Welche Gabe ist die wichtigste?

Wer von der Gesundheit des Leibes als Ganzem ausgeht, kommt zu dem Ergebnis: Es gibt keine Gabe, die wichtiger als andere wäre. Anders stellt sich die Sache freilich in dem Moment dar, wo wir beginnen, diesen Leib unter einer ganz bestimmten *Fragestellung* zu betrachten.

Angenommen, wir sind daran interessiert, in unserer Gemeinde seelsorgerliche Dienste zu entwickeln. Dann ist es völlig normal, daß wir die Vielfalt der Gaben, die Gott seiner Gemeinde gegeben hat, vor allem unter dem Aspekt betrachten, was sie für diese Art von Dienst austragen. Wir werden dann zwar immer noch daran festhalten, daß die Gesamtheit der unterschiedlichen Gaben wichtig ist; jedoch werden uns Gaben wie „Barmherzigkeit", „Hirtendienst", „Weisheit" und natürlich „Seelsorge" doch noch ein bißchen wichtiger erscheinen als die anderen. Je nachdem, unter welcher Perspektive wir die Gemeinde sehen, werden bestimmte Gaben wichtiger und andere unwichtiger.

Wie sieht das Bild aus, wenn wir die Gemeinde unter dem Aspekt ihres Wachstums betrachten? Auch dann wissen wir, daß das Zusammenspiel *aller* Gaben von unaufgebbarer Bedeutung ist. Nur dann, wenn alle Gaben aufeinander bezogen sind, ist eine Gemeinde auch gesund – und nur eine gesunde Gemeinde kann erwarten zu wachsen. Allerdings ist offensichtlich, daß unter dem Aspekt des Wachstums *eine* Gabe wichtiger als andere wird – nämlich Evangelisation. So wenig diese Gabe für sich allein stehen kann, so hat sie doch für das Wachstum der Gemeinde eine vergleichbare Funktion wie etwa die Gebärorgane beim menschlichen Organismus. Diese können zwar, ohne daß sie in einen gesunden Organismus eingebettet sind, unmöglich ihre Aufgabe erfüllen – andererseits: Ohne daß die Gebärorgane vorhanden und funktionstüchtig sind, ist eine Fortpflanzung des menschlichen Lebens völlig ausgeschlossen.

Wenn wir also in diesem Grundkurs die Gabe der Evangelisation besonders betonen, dann liegt das nicht daran, daß sie – absolut gesehen – wichtiger als die anderen Gaben sei. Es liegt einfach daran, daß es in diesem Buch um den evangelistischen Dienst und damit das Wachstum der Gemeinde geht.

Wer hat die Gabe der Evangelisation?

Was ist nun mit der Gabe der Evangelisation gemeint? Wenn ich im folgenden von „Evangelisten" rede, dann meine ich damit immer Christen, denen Gott diese Gabe geschenkt hat. Sie haben nicht nur besonders viel Freude daran, das Evangelium weiterzusagen, sondern erleben auch relativ kontinuierlich, daß ihr Zeugnis für Jesus Frucht trägt: Menschen kommen zum Glauben. Dabei kann sich diese Gabe in ganz unterschiedlichen Variationen zeigen. Manche Christen – Prototyp dafür ist Billy Graham – gebraucht Gott dazu, in Predigten und Massenversammlungen das Evangelium zu verkündigen. Anderen – Prototyp dafür ist ein Mann wie Bill Bright – hat Gott die besondere Gabe gegeben, in persönlichen Gesprächen das Evangelium weiterzusagen.

Der Verweis auf solche großen Namen hat allerdings eine nicht unerhebliche Gefahr. Er kann die Tatsache verdunkeln, daß die Gabe der Evangelisation sehr viel weiter verbreitet ist, als die meisten Christen ahnen. Hauptamtliche und ehrenamtliche Christen haben sie, Theologen und Nichttheologen, Frauen und Männer, mutige und schüchterne Menschen, Redebegabte und Redegehemmte, Jugendliche und Alte, charakterlich reife und charakterlich unreife Christen. Der eine praktiziert diese Gabe in Massenveranstaltungen, der zweite in Gruppen, der dritte in seelsorgerlichen Gesprächen, der vierte, indem er Briefe schreibt. Alles das können unterschiedliche Ausdrucksformen der einen evangelistischen Gabe sein. Viel zu viele Christen nehmen ausschließlich an der spezifischen Predigtbegabung maß – und übersehen auf diese Weise völlig, daß ihnen Gott möglicherweise selbst längst die Gabe der Evangelisation geschenkt hat!

Die 10-Prozent-Hypothese

Wieviel Prozent der Christen haben wohl die Gabe der Evangelisation? Auch an dieser Stelle gibt es meines Wissens keine Studien, die mit repräsentativem Anspruch auftreten könnten. Aber es gibt mittlerweile eine Fülle von stichprobenartigen Erhebungen, die bezeichnenderweise – ganz gleich, in welchem Land der Welt sie durchgeführt wurden – alle die gleiche Sprache sprechen.

Zum ersten Mal hörte ich vom Gemeindeaufbau-Professor C. Peter Wagner die These, daß 10 Prozent aller Christen die Gabe der Evangelisation hätten. Als wir vor einigen Jahren einen Gabentest entwickelten, baten wir die Anwender des Tests, den Auswertungsbogen (aus dem all die Gaben hervorgehen, den der Test ans Tageslicht gebracht hat) an uns zurückzuschicken. Die Auswertung aller bei uns eingegangenen Bögen ergab: Exakt 10 Prozent hatten die Gabe der Evangelisation! Auch in jedem einzelnen Seminar, das ich bisher in einer Ortsgemeinde zu diesem Thema durchgeführt habe, fand ich diese Zahl bestätigt. In der Regel sind es in diesen Seminaren sogar mehr als 10 Prozent, die die Gabe der Evangelisation haben, was allerdings damit zu tun haben dürfte, daß derartige Veranstaltungen überproportional stark von evangelistisch interessierten und begabten Christen besucht werden.

Diese 10-Prozent-Hypothese hat nun erhebliche Bedeutung für die Praxis. Angenommen, in Ihrer Gemeinde versammeln sich derzeit 100 Christen. Dann ist realistischerweise davon auszugehen, daß 10 von ihnen die Gabe der Evangelisation haben. Wenn es 300 Menschen sind, die in Ihrer Gemeinde zusammenkommen, dann können Sie damit rechnen, daß die Zahl der evangelistisch begabten Gemeindeglieder bei 30 liegt.

Ist dieser Prozentsatz nun hoch, oder ist er niedrig? Unterschiedliche Christen sind an dieser Stelle unterschiedlicher Meinung. Ich persönlich gehe davon aus, daß diese Zahl weder hoch noch niedrig ist, sondern genau richtig. Sie scheint mir schlicht dem zu entsprechen, wie Gott den Leib Christi konstruiert hat. Das Problem liegt nicht darin, daß zu wenige Christen die Gabe der Evangelisation haben, sondern daß viele derjenigen, die diese Gabe haben, sie nicht kennen, und viele derjenigen, die sie haben *und* kennen, sie nicht einsetzen.

Doppelte Gemeindegröße innerhalb von vier Jahren

Was würde passieren, wenn jeder Christ, dem Gott die Gabe der Evangelisation gegeben hat, diese auch einsetzte? Das Ergebnis wäre absolut frappierend! Normalerweise hasse ich solche Kraftausdrücke wie die Pest, aber an dieser Stelle scheint mir dies die angemessene Art zu sein, die dadurch entstehende Dynamik zu beschreiben.

»Das Problem liegt nicht darin, daß zu wenige Christen die Gabe der Evangelisation haben, sondern daß viele derjenigen, die sie haben, sie nicht kennen und praktizieren.«

Gehen wir einmal von folgenden drei Voraussetzungen aus:

- Erstens: Jeder der 10 Prozent „Evangelisten" einer Gemeinde kennt auch seine Gabe (das herauszufinden ist nicht sonderlich schwierig).

- Zweitens: Allen diesen Christen wird auch geholfen, einen entsprechenden Dienst zu übernehmen (nach meinen Erfahrungen sind die Energien der meisten evangelistisch begabten Gemeindeglieder schlicht durch falsche Dienste blockiert).

- Und drittens: Jeder dieser Christen führt pro Jahr zwei Menschen zu Christus und in die Gemeinde (das ist für Christen mit der Gabe der Evangelisation ein durchaus realistischer Wert).

Was geschähe, wenn diese drei Voraussetzungen erfüllt wären? Allein durch das Engagement dieser 10 Prozent würde sich die Größe der Gemeinde innerhalb von vier Jahren verdoppeln! Als ich mir dies zum ersten Mal auf der Rückseite eines gebrauchten Briefumschlages ausrechnete, gingen mir die Augen auf. Natürlich war mir klar, daß derartige Rechnungen in der Realität nie so aufgehen, wie wir es gerne hätten. Auf der anderen Seite wurde mir deutlich, welch ein unglaubliches Potential für das Wachstum der Gemeinde allein in dieser Gruppe liegt.

Wenn Ihre Gruppe heute 100 Christen umfaßt, kann sich diese Zahl innerhalb von vier Jahren auf 200 erhöhen, sofern nur diejenigen, die Gott für den evangelistischen Dienst besonders begabt hat (von den anderen 90 Prozent wird in diesem Buch auch noch sehr ausführlich die Rede sein), diese Berufung auch annehmen und umsetzen. Meine Erfahrung ist: Für diesen Kreis von Christen ist ein offensiver evangelistischer Dienst ganz und gar kein aufgestülptes oder verkrampftes Unterfangen, im Gegenteil. Wer die Gabe der Evangelisation hat, tut in der Regel nichts lieber, als diese Gabe auch einzusetzen!

Wenn das aber so ist – woran liegt es dann, daß dies in unseren Gemeinden relativ selten geschieht? Nach meiner Überzeugung hat es schlicht damit etwas zu tun, daß die Lehre von der gabenorientierten Mitarbeiterschaft noch weitgehend unbekannt ist. Anstatt sorgfältig zwischen evangelistisch begabten und evangelistisch nicht begabten Gemeindegliedern zu unterscheiden, gibt es in den meisten Gemeinden an dieser Stelle einen relativ nebulösen „Einheitsbrei".

Das Ergebnis: Diejenigen, denen Gott die Gabe der Evangelisation gegeben hat, sind evangelistisch permanent unterfordert und folglich frustriert. Und die 90 Prozent, die diese Gabe nicht haben, werden durch Appelle an das schlechte Gewissen ständig überfordert und sind ebenfalls frustriert. Das Ergebnis ist also in beiden Fällen das gleiche: Am Ende sind alle frustriert.

Das Hoffnungsvolle ist nun, daß sich *derartige* Frustrationen relativ schnell, einfach und schmerzlos beheben lassen.

Ihre Gedanken:

- *Von welchen Christen, die Sie selbst kennen, würden Sie sagen: Er oder sie hat die Gabe der Evangelisation? Schreiben Sie ihre Namen hier auf:*

___

___

___

• *Wissen diese Menschen, daß Gott ihnen die Gabe der Evangelisation gegeben hat? Konzentriert sich deren eigener Dienst auch darauf, diese Gabe einzusetzen?*

Warum Neubekehrte effektiver evangelisieren können

Vor einigen Jahren machte ich eine Entdeckung, die mich nachdenklich stimmte: Je länger ein Mensch Christ ist, desto mehr sinkt sein evangelistisches Potential. Menschen, die erst gerade frisch zum Glauben gekommen sind, wenig über die Bibel wissen, noch unreif in vielen Bereichen des geistlichen Lebens sind, haben also ein größeres evangelistisches Potential als reife, gestandene Christen!

Natürlich gibt es zu dieser Regel zahlreiche Ausnahmen. Im Durchschnitt aber läßt sich nachweisen: Die meisten Christen verhelfen in den ersten Jahren nach ihrer eigenen Bekehrung sehr viel mehr Menschen zum Glauben als in all den Jahren danach. Woran liegt das?

Es sind drei Ursachen, die dieses – auf den ersten Blick relativ merkwürdig erscheinende Phänomen – erklärbar machen.

Ursache Nr. 1:
Neubekehrte Christen sprechen noch eine „weltliche Sprache"

Auch wenn sich die meisten darüber überhaupt nicht bewußt sind, so ist es doch eine Tatsache, daß wir Christen eine gewisse „Insider-Sprache" entwickelt haben, die kaum noch ein Außenstehender versteht. Ob wir uns mit „Schwester" und „Bruder" anreden, ob wir vom „Blut des Lammes" singen, ob wir „Zeugnis geben" oder nach der „Frucht des Glaubens" fragen, alles dies sind Sprachformen, die nur innerhalb des christlichen Kontextes kommunizieren.

Ich halte diese christliche Fachsprache für etwas ganz Normales, ja sogar Notwendiges. Jede soziale Gruppierung entwickelt einen eigenen Sprachkodex, der für den Zusammenhalt der Gruppe und für die Kommunikation untereinander eine große Bedeutung hat. Für die Evangelisation allerdings – also für die Kommunikation mit Außenstehenden – ist dieser Sprachkodex indessen ein schwerwiegendes Hindernis.

Deshalb ist auch leicht erklärlich, wieso sich Neubekehrte an dieser Stelle in der Regel sehr viel leichter tun als alteingesessene Christen. Sie sprechen noch genau die Sprache derer, die durch Evangelisation erreicht werden sollen. Sie haben noch kein „Kanaanäisch" gelernt. Das, was manche ältere Christen vielleicht naserümpfend als „unreif" oder „weltlich" abtun mögen, entpuppt sich unter evangelistischen Vorzeichen als eine große Chance.

„Je länger ein Mensch Christ ist, desto mehr sinkt sein evangelistisches Potential."

Ursache Nr. 2:
Neubekehrte Christen haben eine größere Leidenschaft

Wenn jemand erst kürzlich Christ geworden ist, hat er in der Regel noch sehr plastisch vor Augen, was der Unterschied zwischen einem Leben mit und ohne Jesus ist. So ist es ganz normal, daß diese Christen mit großer Begeisterung von ihren ersten Erfahrungen im Glauben erzählen. Es ist auch verständlich, daß sie in aller Regel begierig sind, diese neuen Erfahrungen denen, die sie kennen, mitzuteilen. Sie strahlen eine ansteckende Begeisterung aus, auf die manche der „gestandenen" Christen skeptisch reagieren. Deren Motto heißt: „Wartet nur ab, ihr werdet eines Tages auch erkennen, daß der Glaube keine so fröhliche Sache ist, wie ihr heute noch meint."

Diese Skeptiker behalten in der Regel auch recht. Nur sehr wenigen Christen gelingt es, ihre anfängliche Begeisterung auch in späteren Jahren zu erhalten. In vielen – wahrscheinlich sogar in den meisten – Fällen tritt das ein, was die Bibel ein „Erkalten der ersten Liebe" (Offb. 2,2-5) nennt. Da es in der Evangelisation aber nicht nur um das geht, *was* wir unserem Gesprächspartner über den Glauben sagen, sondern vor allem auch um die Art, *wie* wir es sagen, leuchtet ein, daß begeisterte Christen ein größeres evangelistisches Potential haben als solche, deren Begeisterungsflamme zu einem glimmenden Docht geworden ist.

Ursache Nr. 3:
Neubekehrte Christen haben mehr Kontakte zu Außenstehenden

Je länger ein Mensch Christ ist, desto weniger Kontakte hat er zu Freunden, Verwandten und Kollegen außerhalb des gemeindlichen Umfelds.

Als ich vor einigen Jahren unter mehr als 1 000 ehrenamtlichen Mitarbeitern eine Befragung durchführte, war ich vom Ergebnis überrascht. Ich fand heraus, daß Christen, die erst zwei Jahre oder weniger in der Gemeinde sind (also Neubekehrte), im Durchschnitt noch 13 regelmäßige Kontakte zu Außenstehenden haben. Bei Christen, die zwischen drei und neun Jahren in der Gemeinde sind, reduziert sich diese Zahl bereits auf 7 Kontakte. Wer 10 oder mehr Jahre Christ ist, hat im Schnitt nur noch 5 Kontakte zu Nichtchristen. Und von den Menschen, die seit über 20 Jahren Christen und Gemeindeglieder sind, gaben insgesamt 40 Prozent an, daß sie *überhaupt keine* Kontakte mehr zu Nichtchristen haben.

Was sagen wir zu einem solchen Ergebnis? Viele Christen, denen ich diese Zahlen präsentiert habe, brachten zum Ausdruck, daß sie das Ergebnis „ganz schlimm" fänden. Und sie machten denjenigen Gemeindegliedern, die nur noch wenige oder gar keine Kontakte mehr zu Außenstehenden haben, ein schlechtes Gewissen: „Ihr seid die Ursache, daß es mit der Evangelisation in unserer Gemeinde nicht voran geht." Sie drängen diese Menschen folglich, sich schleunigst darum zu kümmern, neue Kontakte zu Nichtchristen aufzubauen – zum Beispiel dadurch, daß sie auf die Straße gehen.

Ich halte eine solche Reaktion für wenig hilfreich. Natürlich kann man Menschen relativ leicht ein schlechtes Gewissen dafür machen, daß sie nur wenige Kontakte zu Außenstehenden haben. Irgendwie ist eine solche Kritik ja immer richtig. Und man kann in diesem schlechten Gewissen so lange prockeln und bohren, bis sich tatsächlich einige dieser Christen zähneknirschend darauf einlassen, neue Kontakte zu Nichtchristen aufzubauen. Aber wem hilft das? Mir ist nicht ein einziges Modell bekannt, in dem das Ergebnis derartiger Bemühungen auch nur einigermaßen befriedigend ausfiel.

Wenn ich in einer Gemeinde bin, habe ich einen anderen Ansatz. Nachdem wir gemeinsam die „Kontaktepyramide" analysiert haben – und in jeder Gemeinde zeigt sich ein ähnliches Ergebnis wie das eben dargestellte –, sage

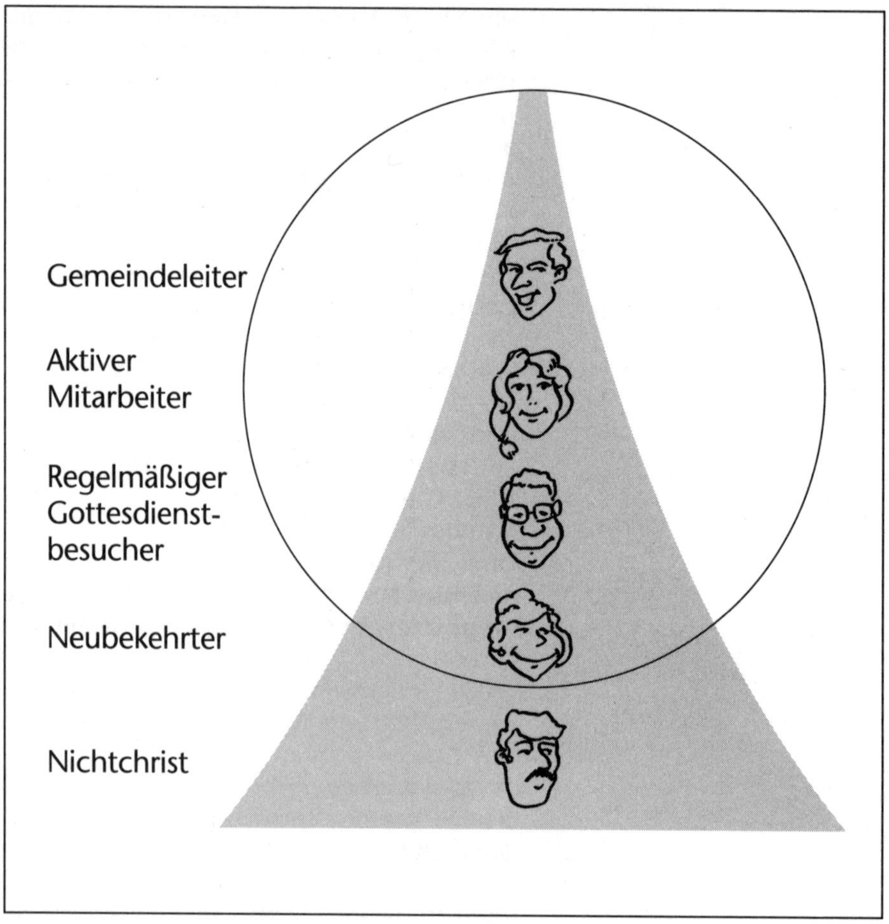

Die „Kontaktepyramide": Je länger ein Mensch in der Gemeinde ist, desto weniger Kontakte hat er zu Außenstehenden

ich weder: „Das ist gut so!", noch sage ich: „Das ist ganz schlimm!" Ich sage einfach: „Das ist so." Und dann frage ich: „Wie können wir das Beste daraus machen?"

In dem Moment, wo wir beginnen, die Kontaktepyramide unter diesem Vorzeichen zu analysieren, entdecken wir folgendes: Als *Gesamtgemeinde* haben wir weitaus mehr Kontakte zu Menschen, die Christus noch nicht kennen, als wir überhaupt wahrzunehmen in der Lage sind. Das Problem ist also nicht, daß wir zu wenig Kontakte zu Außenstehenden hätten, sondern daß die Fülle von Kontakten, die bereits vorhanden ist, in der Regel überhaupt nicht genutzt wird!

„Das Problem ist nicht, daß wir zu wenig Kontakte zu Außenstehenden hätten, sondern daß die Fülle von Kontakten, die bereits vorhanden ist, in der Regel überhaupt nicht genutzt wird."

Wenn also Neubekehrte besonders viele Kontakte zu Außenstehenden haben, dann ist das ein Grund mehr, warum diese Menschen gleich zu Anfang ihres Lebens als Christen zum evangelistischen Dienst ermutigt werden sollten. Einige Jahre später werden viele dieser Kontakte wahrscheinlich nicht mehr vorhanden sein.

„Das ist unverantwortlich!"

Wann immer ich diesen Vorschlag in Seminaren mache, gibt es einzelne Teilnehmer, die eine solche Verfahrensweise für „unverantwortlich" halten. Bei einer Pastorenkonferenz sagte mir einmal ein Bruder: „Bevor in meiner Gemeinde ein Christ einen evangelistischen Dienst übernimmt, achte ich darauf, daß er reif im Glauben ist, eine solide Bibelkenntnis hat und charakterlich gefestigt ist."

Ich entgegnete ihm, daß auch ich all die Dinge, die er genannt hat, für äußerst erstrebenswert halte, sie aber nicht zur *Voraussetzung* machen würde, einen evangelistischen Dienst zu übernehmen – denn damit schließen wir, bis auf wenige Ausnahmen vielleicht, Neubekehrte von der Evangelisation aus. Das aber kann nicht unser Ziel sein, wenn wir wissen: Je länger ein Mensch Christ ist, desto mehr sinkt in der Regel sein evangelistisches Potential.

Die Antwort meines Gesprächspartners: „Das mag ja alles sein, aber es stört mich nicht. Viel zu oft habe ich erleben müssen, daß unreife Christen unheimlich viel Unfug redeten, als sie das Evangelium weitersagten."

Ohne Zweifel: Ein Mensch, der noch unreif im Glauben ist – und wie sollte ein Neubekehrter gleichsam über Nacht reif im Glauben sein? –, wird mehr Fehler machen und mehr „Unfug" reden, als ein Christ, der schon im Glauben gefestigt ist. Das Interessante ist nun, daß der Neubekehrte trotz dieses Unfugs (oder gerade deswegen?) in der Regel evangelistisch sehr viel effektiver ist als viele der „gestandenen" Christen, die theologisch alles haarscharf erklären können, auf jede Frage eine vorher einstudierte Antwort wissen, lehrmäßig korrekt agieren und sowohl das biblische Gesamtzeugnis als auch die Bekenntnisschriften ihrer jeweiligen Kirche auf ihrer Seite haben – aber kaum noch einen Menschen zum Glauben führen.

Was ist uns wichtiger, die Theologie unserer Kirchen unverfälscht zu proklamieren oder das Evangelium so weiterzusagen, daß es möglichst viele Menschen begreifen und sich darauf einlassen? Für meinen Gesprächspartner war die Antwort auf diese Frage eindeutig: „Im Zweifelsfall entscheide ich mich immer für die korrekte Lehre", sagte er.

Ich bin sicher, daß er in seiner eigenen Arbeit auch genau die Frucht dieser Vorgehensweise erntet: viel korrekte Lehre, aber immer weniger Christen, die diese Lehre auch hören, annehmen und umsetzen.

Ihre Gedanken:

- *Treffen die drei oben genannten Faktoren („weltliche Sprache", „Begeisterung", „viele Kontakte zu Außenstehenden") auf diejenigen Christen in Ihrem eigenen Umfeld zu, die innerhalb der letzten zwölf Monate zum Glauben gekommen sind? Falls Sie die Frage nicht beantworten können, weil Sie die entsprechenden Personen nicht gut genug kennen, dann fragen Sie sie doch einfach einmal! Falls Sie die Frage nicht beantworten können, weil in Ihrem Umfeld in letzter Zeit niemand zum Glauben gekommen sein sollte, dann lassen Sie die folgenden Spalten momentan frei. Wenn Sie den Grundkurs weiter durcharbeiten und Christen finden, die das mit Ihnen gemeinsam tun, werden Sie in den nächsten Wochen und Monaten höchstwahrscheinlich genügend Gelegenheiten finden, diese Eintragungen nachzuholen!*

Namen der „Neubekehrten"	Weltliche Sprache	Begeiste-rung	Außen-kontakte
1. ________	O	O	O
2. ________	O	O	O
3. ________	O	O	O

- *Inwieweit treffen die drei genannten Faktoren auf Sie selber zu? Wie lange sind Sie schon Christ?*

	Weltliche Sprache	Begeiste-rung	Außen-kontakte
________	O	O	O

Manipulation – nein danke!

Bis vor relativ kurzer Zeit mochte ich keine Schuhe mit Schnürsenkeln – und kaufte mir folglich auch keine. Ich hatte zwar verschiedene Exemplare von sogenannten „Slippers", aber in meiner Wohnung gab es kein einziges Paar geschnürter Schuhe.

Diese Tatsache an sich wäre keiner Erwähnung wert, wenn nicht eines Abends jemand an meiner Tür geschellt hätte. Es war ein Vertreter, der neben mannigfachen anderen Artikeln, die ich absolut nicht gebrauchen konnte, nun auch die besagten Schnürsenkel an den Mann zu bringen versuchte. Nun möchte ich Ihnen ersparen, die Einzelheiten des Gespräches, das sich zwischen uns entzündete, zu schildern. Jedenfalls war das Ende seines weniger als zehnminütigen Besuches, daß ich der wenig stolze Besitzer eines Zehnerpacks Schnürsenkel war!

Wer ja sagt, hat seine Ruhe

Warum hatte ich sie gekauft, wo ich doch keinerlei Verwendung für sie hatte? Ganz einfach: Es war für mich der bequemste Weg, diesen lästigen, quasselnden, nervenden Vertreter loszuwerden! Natürlich, ich hätte ihn auch einfach vor die Tür setzen können. Das aber hätte – zumindest eine gewisse Portion – Konfliktfähigkeit und Mut erfordert. Da ich aber beides am Ende des besagten Tages nicht mehr hatte, war es für mich das Bequemste, einfach ein paar Mark herauszurücken, um ihm etwas abzunehmen. Und ich wußte: „Jetzt hast du deine Ruhe."

„Irgendwann sagt man resigniert ‚Ja' zu Christus, weil dies der bequemste Weg zu sein scheint, um diesen lästigen, quasselnden, nervenden Missionar vor der Haustür loszuwerden."

Aber auch diese Begebenheit wäre keiner Erwähnung wert, wenn nicht am gleichen Abend noch etwas anderes passiert wäre, was nun allerdings für unser Thema von Bedeutung ist. Ich fragte mich plötzlich: Könnte es nicht sein, daß es vielen Menschen, die mit evangelistisch aktiven Christen zu tun haben, ähnlich geht wie mir an diesem Abend? Irgendwann sagt man resigniert „Ja" zu Christus, weil dies der bequemste – wenn nicht gar der einzige – Weg zu sein scheint, um diesen lästigen, quasselnden, nervenden Missionar vor der Haustür loszuwerden. Die Gefahr ist, daß derartige Besitzer einer von ihnen nie gewünschten Ware das gleiche machen, was auch ich mit den für einen überteuerten Preis erworbenen Schnürsenkeln tat: Nachdem sie einige Tage in meiner Wohnung herumgelegen hatten, warf ich sie schließlich in die Kiste für die Altkleidersammlung.

Es gibt Christen, die das, was der Schnürsenkel-Verkäufer mir gegenüber erreicht hat, für besonders beeindruckend halten. Sie fühlen sich als „Botschafter an Christi Statt" in einer ähnlichen Situation wie der Vertreter. Sie glauben, daß sie auch etwas zu verkaufen haben, was im Grunde kein Mensch will. Folglich suchen sie nach Tricks und Kniffen, um das Evangelium an den Mann oder die Frau zu bringen. „Wer einem Eskimo einen Eisschrank verkaufen kann", so sagte mir einmal ein Pastor, „der ist auch ein erfolgreicher Evangelist."

Nein, nein und nochmals nein! Wer einem Eskimo einen Eisschrank verkauft, ist ein kompletter Idiot! Ich würde ihn noch nicht einmal für einen guten Verkäufer halten, geschweige denn für einen geeigneten Evangelisten. Er ist nichts anderes als ein Menschenfeind, vor dem man nur warnen kann. Wo immer ich in meinem Leben mit solchen Menschen zu tun hatte und (sicherlich auch durch eigenes Verschulden) auf sie hereingefallen bin, war meine Reaktion stets die gleiche: Mit diesen Menschen möchtest du nie, nie, nie mehr etwas zu tun haben!

Warum manipulative Methoden untauglich sind

Eine hilfreiche Studie zeigt, wie untauglich manipulative „Verkaufsmethoden" sind, wenn es darum geht, Menschen zu einem neuen Leben in der Gemeinschaft mit Jesus und mit Schwestern und Brüdern zu verhelfen. In dieser Untersuchung wurden 240 Christen ausfindig gemacht und befragt, die erst kürzlich zum Glauben gekommen waren und in ihrer Gemeinde aktiv mitarbeiteten (in der Graphik werden diese Menschen abgekürzt als „Bekehrte" bezeichnet). Weitere 240 Personen wurden befragt, die ihrer Gemeinde nach ihrer Bekehrung wieder den Rücken gekehrt hatten (hier kurz als „Abgefallene" bezeichnet). Und eine dritte Gruppe von 240 Menschen wurde ausfindig gemacht und ebenfalls befragt. Hier handelt es sich um solche, denen man das Evangelium zwar verkündigt hatte, die sich aber zu keiner positiven Entscheidung durchringen konnten (hier kurz als „Nicht-Bekehrte" bezeichnet).

In persönlichen Interviews mit diesen 720 Menschen wurde jeder einzelne darum gebeten, die Person, die ihm das Evangelium nahegebracht hatte, in eine der drei folgenden Kategorien einzuordnen: „Freund", „Geschäftsmann" oder „Lehrer".

„Du kannst wieder raufkommen, die Besuchsdienstgruppe ist fort."

Das Ergebnis dieser Umfrage ist höchst aufschlußreich: Der überwältigende Teil derjenigen, die im Gemeindeglied, das ihnen das Evangelium bezeugte, einen „Freund" sahen und sich auch für Christus entschieden, war nach wie vor auch gläubig und in der Gemeinde engagiert (94 %). Andererseits: Diejenigen, die im Gemeindeglied, das ihnen das Evangelium bezeugte, einen „Geschäftsmann" erblickten, fällten zwar oftmals eine anfängliche „Entscheidung", aber wollten schon bald nichts mehr vom Glauben wissen (71 % fielen später wieder ab). Und letztlich: Diejenigen, die das Gemeindeglied als „Lehrer" empfanden, sprachen in der Regel erst gar nicht auf die Botschaft des Evangeliums an (84 % sagten Nein, danke).

Das evangelistisch aktive Gemeindeglied wurde empfunden

von \ als	„Lehrer"	„Geschäftsmann"	„Freund"
„Bekehrten"	5	65	170
„Abgefallenen"	36	203	1
„Nicht-Bekehrten"	208	22	10

Das Ergebnis ist klar: Ein Mensch, der die Beziehung zu Ihnen als die eines Freundes erlebt, wird viel wahrscheinlicher irgendwann auf Christi Liebe reagieren, als wenn er Sie als Lehrer (der andere über Glaubenstatsachen oder Moral belehrt) oder als Geschäftsmann (der andere zu einer Entscheidung manipulieren will) empfindet.

Ihre Gedanken:

- *Sind sie schon einmal evangelistischen Formen begegnet, die Sie als „manipulativ" bezeichnen würden? Beschreiben Sie, wie Sie sich selbst dabei gefühlt haben.*

- *Denken Sie noch einmal an die Person, die maßgeblich dazu beigetragen hat, daß Sie heute selber Christ sind (siehe Seite 18). Welchem der drei genannten „Typen" entspricht sie am ehesten?*

○ **Geschäftsmann**
Er will eine Ware verkaufen

○ **Lehrer**
Er belehrt über Glaubenstatsachen

○ **Freund**
Er liebt den anderen bedingungslos

„Ein Mensch, der die Beziehung zu Ihnen als die eines Freundes erlebt, wird viel eher auf Christi Liebe reagieren, als wenn er Sie als Lehrer oder Geschäftsmann empfindet."

Die Bedeutung des Leibes Christi

Jedes einzelne Evangelisationsprinzip, das wir uns bislang angeschaut haben, stellt in gewisser Weise das, was als Klischee über Evangelisation in den Köpfen zahlreicher Christen spukt, geradezu auf den Kopf. Das gilt auch für das zehnte Prinzip, um das es in diesem Kapitel gehen soll: die Bedeutung des Leibes Christi.

Etliche Christen benutzen zwar ganz ähnliche Worte wie die, die in diesem Grundkurs eine zentrale Rolle spielen – Oikos-Faktor, Beziehungen, Freundschaft etc. –, ihre Pointe ist aber eine ganz andere: Sie delegieren die Verantwortung für die Evangelisation gleichsam an die einzelnen Christen.

Dieses Modell sieht in der Praxis folgendermaßen aus: Die Christen werden aufgefordert, ihre Kontakte zu Freunden, Verwandten und Bekannten dafür zu nutzen, andere Menschen zu Christus zu führen. Wenn das nicht klappt, dann liegt das – so die Vertreter dieser Richtung – daran, daß die Christen in diesem Auftrag nicht gehorsam sind.

Der Unterschied zur traditionellen „Freundschaftsevangelisation"

Ein solches Verständnis von Evangelisation hat mit dem in diesem Buch vertretenen nicht viel gemeinsam. Das traditionelle Konzept der Freundschaftsevangelisation ist deshalb bisweilen so unfruchtbar, weil der Nichtchrist lediglich auf einen einzelnen Christen schaut und oftmals zu dem Ergebnis kommt: „Wenn Christsein so aussieht, dann kommt es für mich nicht in Frage." Vielleicht ist das betreffende Gemeindeglied das einzige Anschauungsbeispiel, das der Nichtchrist von einem Christen hat. Dabei ist es doch gerade die Stärke der christlichen Gemeinschaft, daß ihre Mitglieder auf so verschiedenartige Weise ihr Leben mit Christus zum Ausdruck bringen.

Vielen Gemeindegliedern ist es gar nicht lieb, wenn betont wird, wie wichtig ihr eigenes Leben mit Jesus für den Prozeß der Weitergabe des Evangeliums ist. Sie haben die Befürchtung, es könnte sich dabei herausstellen, daß es auch in ihrem Leben nur sehr menschlich zugeht. Kein Christ ist perfekt. Obwohl er eine neue Kreatur ist, weil Christus nun die Mitte seines Lebens bildet, schleppt er immer noch viele Fehler und Schwächen mit sich herum. Oft sind es gerade diese Schwächen, die der Nichtchrist sieht und weswegen er die Einladung zu einem Leben mit Christus ausschlägt. Deswegen muß in unserem Bemühen, die Liebe Gottes anderen Menschen gegenüber konkret werden zu lassen, der Grundsatz gelten: Je größer die Zahl der Kontakte ist, die ein Nichtchrist zu verschiedenen Gemeindegliedern hat, desto größer wird die Wahrscheinlichkeit sein, daß er durch die menschlichen Unzulänglichkeiten der einzelnen Christen hindurch Christus selbst zu erkennen vermag.

Wenn ich die Bedeutung des Oikos-Faktors für die Evangelisation betone, dann geht es mir nicht darum, die Verantwortung für die Erfüllung des Missionsbefehls isolierten christlichen Individuen aufzubürden. Mir geht es vielmehr darum, das biblische Konzept des „Leibes Christi" für unsere Zeit wieder zu entdecken. Natürlich, als einzelner Christ habe ich, in der Regel zumindest, zahlreiche Kontakte zu Freunden, Verwandten und Bekannten, die Christus noch nicht kennen. Das ist meine Stärke. Eine weitere Stärke, die jeder einbringen kann, sind die geistlichen Gaben, die Gott ihm gegeben hat. Das heißt aber nicht, daß ich nun jeden einzelnen dieser Nichtchristen, zu denen ich Kontakt habe, auch zum Glauben an Jesus Christus führen müßte.

Die doppelte Berufung jedes Christen

Unser Ansatz ist ein anderer: Als Glied des einen Leibes übernehme ich die Aufgaben, zu denen Gott mich wirklich berufen hat. Und diese Berufung besteht aus zwei Teilen:

a. Ich diene den Menschen, zu denen ich Kontakt habe, mit den Gaben, die Gott mir gegeben hat – und das mit viel Liebe. Wenn meine Gabe Evangelisation sein sollte, sieht dieser Dienst natürlich anders aus, als wenn es die Gabe der Gastfreundschaft, des Gebens, der Barmherzigkeit oder des Helfens ist.

b. Ich sorge dafür, daß diese Menschen mit anderen Gliedern des Leibes Christi – zum Beispiel mit denen, die im Unterschied zu mir die Gabe der Evangelisation haben – in Kontakt kommen.

Dies ist, in kurzen Worten, alles, worum es in diesem Grundkurs geht. Hier handelt es sich um keine Überforderung, aber es ist auch keine Unterforderung. Es scheint mir vielmehr genau das zu sein, wozu Gott unterschiedliche Christen berufen hat, indem er Gaben unterschiedlich verteilt hat.

Auf den folgenden Seiten dieses Buches soll es darum gehen, wie die Prinzipien, die wir im ersten Teil theoretisch kennengelernt haben, im Leben von einzelnen Christen, christlichen Gruppen und ganzen Gemeinden nun auch praktisch umgesetzt werden können.

Ihre Gedanken:

- *Gibt es eine Gruppe von Christen, mit denen gemeinsam Sie sich auf den Weg machen könnten, die Prinzipien dieses Grundkurses praktisch umzusetzen? Dies kann sowohl ein bestehender Kreis sein (z.B. Hauskreis, Bibelgruppe, Chor, Funktionskreis etc.), aber auch ein solcher, der eigens zu diesem Zweck ins Leben gerufen wird. Schreiben Sie hier die Namen von Christen auf, mit denen gemeinsam Sie sich vorstellen könnten, den Grundkurs Evangelisation durchzuarbeiten:*

„Beim gabenorientierten Evangelisationsansatz handelt es sich um keine Überforderung – aber er ist auch keine Unterforderung.“

Ein Quiz

Haben Sie einen Blick dafür, wie Evangelisation wirklich geschieht – oder ist Ihr Denken von den weitverbreiteten Klischees geprägt? Kreuzen Sie an, ob Sie die folgenden Aussagen für richtig oder falsch halten. Die richtigen Antworten finden Sie unten auf der Seite.

		richtig	falsch
1.	Erfolgreiche Evangelisten benutzen drängerische Methoden, da das Evangelium selbst drängerisch ist.	○	○
2.	Jeder Christ, der Gott ernsthaft darum bittet, bekommt auch die Gabe der Evangelisation.	○	○
3.	Wer nicht die Gabe der Evangelisation hat, braucht sich über die Weitergabe des Evangeliums auch keine Gedanken zu machen.	○	○
4.	Etwa 10 Prozent der Christen haben die Gabe der Evangelisation.	○	○
5.	Jeder hingegebene Christ ist auch ein Evangelist.	○	○
6.	Neubekehrte haben in der Regel ein größeres evangelistisches Potential als Christen, die schon länger dabei sind.	○	○
7.	Das bei weitem wirksamste Mittel der Evangelisation sind die Massenmedien, insbesondere Rundfunk und Fernsehen.	○	○
8.	Wenn eine Entscheidung für Christus wirklich echt ist, finden Menschen ganz automatisch den Weg in die Gemeinde.	○	○
9.	Die meisten Menschen kommen über persönliche Beziehungen zu Freunden, Verwandten und Kollegen zum Glauben.	○	○
10.	In der Evangelisation sollten wir uns hüten, uns an den Bedürfnissen von Nichtchristen zu orientieren, denn das ist das Ende des reinen Evangeliums.	○	○
11.	Jeder Christ sollte dafür sorgen, daß er möglichst viel Zeit in gemeindlichen Räumen verbringt.	○	○
12.	In der Evangelisation sollten wir uns nicht an alle Menschen wenden, sondern in erster Linie an die, die besonders aufnahmebereit für das Evangelium sind.	○	○
13.	Menschen, die traditionell sehr verwurzelt sind, sind offener für das Evangelium als traditionslose Menschen.	○	○
14.	Je länger ein Mensch Christ ist, desto weniger Kontakte hat er zu Menschen, die Christus noch nicht kennen.	○	○

Antworten: 1. F 2. F 3. F 4. R 5. F 6. R 7. F 8. F 9. R 10. F 11. F 12. R 13. F 14. R

Teil 2

Was jeder Christ zur Evangelisation beitragen kann

7 Schritte, die niemanden überfordern

Nicht jeder Christ hat die Gabe der Evangelisation – aber jeder kann etwas dazu beitragen, daß andere Menschen Jesus persönlich kennenlernen. Wie dieser Beitrag aussieht, hängt wesentlich von seinen Gaben ab. Der zweite Teil des Grundkurses enthält sieben praktische Schritte, die jeder Christ, der sich dem Missionsbefehl stellen möchte, gehen kann – und auch gehen sollte!

Schritt 1: Haben Sie die Gabe der Evangelisation?

Wenn Sie bei sich selber ausfindig machen, daß Gott Ihnen die Gabe der Evangelisation geschenkt hat, ist das gut. Wenn Sie herausfinden, daß Gott Ihnen nicht diese, sondern andere Gaben geschenkt hat, ist das auch gut. Allerdings: Sie sollten auf jeden Fall *wissen*, ob Sie diese Gabe haben oder nicht – denn von der Beantwortung dieser Frage hängt wesentlich ab, wie Ihr konkreter Beitrag zur Verbreitung des Evangeliums aussehen kann.

Für Menschen, die nicht die Gabe der Evangelisation haben, kann es eine der frustrierendsten Erfahrungen sein, kontinuierlich einen Dienst auszuüben, der eigentlich diese Gabe erfordert. Andererseits: Diejenigen, denen Gott diese Gabe geschenkt hat, sollten sie auch in einem offensiven evangelistischen Dienst einsetzen. Viel zu oft geschieht es, daß diese Gabe unentdeckt bleibt, folglich in der Gemeinde nicht zum Einsatz kommt – und so auch niemand in den Genuß des Segens gelangt, der von dieser wunderbaren Gabe ausgeht.

„Für Menschen, die nicht die Gabe der Evangelisation haben, kann es eine der frustrierendsten Erfahrungen sein, kontinuierlich einen Dienst auszuüben, der eigentlich diese Gabe erfordert."

Die Geschichte von der Tierschule

Um deutlich zu machen, worum es beim Konzept der gabenorientierten Mitarbeiterschaft geht, benutze ich gerne die Geschichte von der Tierschule. Wann immer ich sie in Seminaren erzähle, bestätigen mir hinterher Teilnehmer, daß sie sich an der einen oder anderen Stelle wiedergefunden haben.

Und so lautet die Geschichte:

Eines Tages kamen die Tiere – Kaninchen, Fisch, Vogel, Ente, Eichhörnchen – zusammen und sagten: „Wir wollen eine Schule gründen." Und sie taten das, was Tiere immer tun, wenn sie eine Schule gründen wollen: Sie setzten eine Expertenkommission ein, deren Auftrag es war, einen Lehrplan zu entwickeln.

So begann die Kommission zu tagen. Das Kaninchen bestand darauf, daß „Laufen" unbedingt in den Unterrichtsplan aufgenommen werden müsse. Für den Vogel war „Fliegen" das Wichtigste. Der Fisch kämpfte darum, daß die Disziplin „Schwimmen" in der zukünftigen Tierschule unterrichtet würde, und das Eichhörnchen setzte sich schließlich dafür ein, daß das Beklettern von senkrecht stehenden Baumstämmen Teil des Lehrplans werden müsse.

Und so geschah es auch. Jetzt machten die Tiere allerdings den Fehler, darauf zu bestehen, daß jedes einzelne Tier an jedem einzelnen Unterrichtsfach teilnehmen müsse. Das führte zu folgenden Ergebnissen.

Das Kaninchen zum Beispiel war ein Weltmeister im Laufen. Kein Tier des Waldes war so schnell wie das Kaninchen. Die Mitglieder der Expertenkommission hatten jedoch erkannt, daß es für das Kaninchen – gerade für das Kaninchen! – eine wichtige intellektuelle und geistliche Schulung sei, wenn es auch Fliegen lernen würde wie der Vogel. Man setzte es also auf den Ast eines Baumes und sagte: „Flieg, Kaninchen!" Das arme Tier sprang, stürzte, brach sich die Beine, zog sich eine Gehirnerschütterung zu, behielt einen bleibenden Hirnschaden zurück und konnte in Zukunft auch nicht mehr schnell laufen. So bekam es im Laufen nur noch ein „ausreichend" statt ein „sehr gut", aber im Fliegen bekam es ein „mangelhaft" statt ein „ungenügend", denn es hatte ja immerhin versucht zu fliegen. Die Expertenkommission war höchst zufrieden.

Ähnlich ging es den anderen Tieren. Der Vogel wurde auch der „König der Lüfte" genannt. Seine Flugkünste hatten die anderen Tiere schon seit jeher in Staunen versetzt. Jetzt hatte die Expertenkommission allerdings erkannt, daß es für den Vogel eine wichtige Aufgabe sei, Erdlöcher zu graben wie das Kaninchen. Was passiert, wenn ein Vogel versucht, Erdlöcher zu graben wie ein Kaninchen? Er brach sich natürlich den Schnabel, die Flügel und alles andere, konnte in Zukunft nicht mehr fliegen, bekam im Fliegen nur noch ein „mangelhaft" statt ein „sehr gut", aber im Erdlöchergraben ein „befriedigend" statt ein „ungenügend". Ähnlich ging es jedem anderen Tier.

Und wissen Sie, wer in dieser Tierschule schließlich das Rennen machte? Eine gehirnlose Qualle, die in ihrer glitschigen, schwabbeligen Art alle Anforderungen so einigermaßen durchschnittlich erfüllen konnte. Als sie vom Baum glitschte und auf den Boden platschte, konnte sie sich gar nicht die Knochen brechen, denn sie hatte keine. Und ein Gehirnschaden war bei ihr aus den bekannten Gründen ebenfalls ausgeschlossen. So wurde sie schließlich – schwabbel die schwupp, schwapp schwapp – in dieser Tierschule zur Klassenbesten.

„Kaninchen, komm endlich vom Baum herunter!"

Was hat nun diese Geschichte mit unserem Thema zu tun? Ganz einfach: Ich habe in den letzten Jahren unzählige Christen kennengelernt, die – bildlich gesprochen – mit abgeknickten Schnäbeln, zerbrochenen Flügeln und bisweilen sogar mit einem geistlichen Hirnschaden herumliefen – und dies hatte nur einen einzigen Grund: Sie versuchten ihr Leben lang genau das zu tun, was in unserer Geschichte Kaninchen und Vogel praktizieren. Obwohl Gott ihnen ganz andere Gaben geschenkt hat, bemühen sie sich, Woche für Woche einen evangelistischen Dienst wahrzunehmen, und wundern sich darüber, daß sie dabei die Erfahrung machen: Es funktioniert einfach nicht. Kein Wunder, daß diese Christen von Einsatz zu Einsatz immer frustrierter werden!

„Ich habe unzählige Christen kennengelernt, die mit abgeknickten Schnäbeln, zerbrochenen Flügeln und bisweilen sogar mit einem geistlichen Hirnschaden herumliefen."

In den Gemeinden, mit denen ich bisher zu tun hatte, habe ich aber nicht nur lädierte Tiere entdeckt. Ich habe auch – wiederum bildlich gesprochen – Vögel ausfindig machen können, die zu den stark mitgenommenen und frustrierten Kaninchen gingen und sagten: „Warum tust du dich nur so schwer mit dem Fliegen, Kaninchen? Ich verstehe das gar nicht. Es ist doch so einfach!" Mit dieser Bemerkung hatten sie zweifellos recht: Für einen Vogel ist das Fliegen einfach. Bei einem Kaninchen sieht die Sache jedoch völlig anders aus.

Erst nachdem ich diese evangelistischen Vögel dazu aufforderte, sich einmal vorzustellen, was wohl passieren würde, wenn die Kaninchen sie ihrerseits dazu zwängen, ständig an „Wettläufen" teilzunehmen, konnte ich sie von dem Irrsinn ihrer Argumentation überzeugen. Sie betrieben exakt das, was wir im ersten Teil dieses Buches als „Gabenprojektion" bezeichnet haben (siehe Seite 11). Genauso wie Gott zwar viele Vögel, aber noch viel mehr andere Tiere geschaffen hat, so hat er vielen Christen die Gabe der Evangelisation, aber noch viel mehr Christen andere Gaben gegeben.

Aus anderen Aufgaben aussteigen

Angenommen, Sie finden heraus, daß Gott Ihnen die Gabe der Evangelisation geschenkt hat. Dann sollten Sie dringend nach allen nur erdenklichen Möglichkeiten Ausschau halten, diese auch einzusetzen. Im Blick auf den evangelistischen Dienst Ihrer Gemeinde kommt Ihnen ohne Zweifel eine Schlüsselstellung zu. Gott hat Ihnen diese Gabe nur aus einem einzigen Grund gegeben: Er möchte Sie in ganz besonderer Weise dazu benutzen, daß andere Menschen durch Sie Christus selbst begegnen!

Die Gabe der Evangelisation zu praktizieren erfordert – wie die Praktizierung jeder anderen Gabe auch – Zeit. Ich habe die Erfahrung gemacht, daß die meisten Christen, denen ich beim Entdecken ihrer evangelistischen Begabung helfen konnte, gemeindlich bereits derartig mit internen Aufgaben eingedeckt waren, daß sie für die Praktizierung ihrer Gabe einfach keine Zeit mehr hatten. Wann immer ich Christen begegne, die die Gabe der Evangelisation haben, mache ich ihnen deshalb Mut, einen sehr radikalen Schritt zu tun, nämlich aus allen gemeindlichen Aufgaben auszusteigen, um sich ganz auf den evangelistischen Dienst zu konzentrieren. Wo sich Menschen auf diesen Weg eingelassen haben, sind die Ergebnisse – wen wundert's – geradezu frappierend.

Vor einigen Jahren lernte ich Karlheinz kennen, einen damals 45jährigen Hauskreisleiter. Er hatte einige Jahre vor unserer Begegnung auf die Bitte seines Pastors die Leitung des Hauskreises übernommen. Er wollte seinen Pastor nicht enttäuschen, und außerdem war ihm diese Arbeit ganz einfach wichtig. Auf ähnliche Weise war er kurze Zeit später auch in das Leitungsgremium seiner Gemeinde gelangt. Karlheinz ist für mich der Prototyp eines Mitarbeiters, an dem wohl jeder Pastor seine wahre Freude haben würde: pflichtbewußt, engagiert, loyal, hingegeben, tiefgläubig – wenn er auch, was er sich selbst gar nicht eingestand, ein klein wenig frustriert wirkte.

In der Gemeinde wußte man, daß Karlheinz eine starke evangelistische Begabung hatte (auch wenn man es nicht so formulierte). Deshalb war sein Pastor auch froh, ihn in der Gemeindeleitung zu haben, denn dort sorgte er dafür, „das evangelistische Anliegen warmzuhalten" (um es mit den Worten des Pastors auszudrücken). Auch in seinem Hauskreis thematisierte Karlheinz immer wieder, wie wichtig es ist, seinen Glauben anderen Menschen gegenüber zu bezeugen. Wann immer es in der Gemeinde darum ging, irgendwelche Dienste zu übernehmen, war er zur Stelle. Nur für eines hatte er buchstäblich keine Zeit mehr, nämlich selber evangelistisch tätig zu sein.

Ich sagte ihm: „Wenn dir Gott die Gabe der Evangelisation gegeben hat, dann ist es nicht deine primäre Aufgabe, das evangelistische Anliegen in diversen gemeindeinternen Gruppen wachzuhalten, sondern vor allem, diese Gabe einzusetzen. Warum steigst du nicht aus anderen Aufgaben aus, um endlich Zeit für den Dienst zu haben, zu dem Gott dich wirklich berufen hat?"

Karlheinz setzte diesen Rat, wenn auch zunächst nur zögernd, in die Tat um. Da sein Pastor mittlerweile dabei war, sich selbst mit dem Konzept der gabenorientierten Mitarbeiterschaft zu beschäftigen, unterstützte er seinen Muster-Mitarbeiter in dessen Entscheidung – auch wenn es ihm nicht leicht fiel. „Es war für mich schon schmerzhaft", sagte er, „ihn als verantwortlichen Leiter zu verlieren."

Allerdings dauerte es nicht lange, bis sowohl der Pastor als auch die Mitarbeiter davon überzeugt waren, daß Karlheinz die richtige Entscheidung getroffen hatte. Innerhalb der ersten drei Monate nach seinem Ausscheiden aus den bisherigen gemeindlichen Verantwortungen brachte Karlheinz sechs Menschen neu in die Gemeinde. Endlich hatte er genügend Zeit, genau das zu tun, was Gott von ihm wollte. Kein Wunder, daß Gott diesen Schritt so sehr segnete!

Er konnte viel Zeit „außerhalb" der Gemeinde verbringen, um Kontakte zu Menschen zu pflegen, mit ihnen ins Gespräch über den Glauben zu kommen, sie in die Gemeinde einzuladen. Eine dieser sechs Personen bekehrte sich während eines persönlichen Gesprächs mit Karlheinz, eine weitere kam in einem Hauskreis der Gemeinde zum Glauben, und die vier restlichen bekehrten sich im Gottesdienst.

Wenn Sie also bei sich ausfindig machen, daß Ihnen Gott die Gabe der Evangelisation geschenkt hat, und gleichzeitig merken, daß Sie nicht genügend Zeit haben, diese auch einzusetzen, sollten Sie von den Erfahrungen, die Karlheinz gemacht hat, lernen. Der Segen, den Sie und andere dadurch erleben werden, wird unermeßlich sein.

Und wenn Sie herausfinden, daß Gott Ihnen *nicht* die Gabe der Evangelisation gegeben hat? Dann sitzen Sie gemeinsam mit mir und 90 Prozent der Leser dieses Buches in einem Boot. Uns allen hat Gott die Gabe der Evangelisation nicht geschenkt, und zwar aus einem guten Grund: Er möchte, daß wir die anderen Gaben, die er uns gegeben hat, für die Verbreitung seiner Guten Nachricht einsetzen!

Wie entdecke ich meine Gaben?

Wie aber können wir herausfinden, welche Gaben uns Gott geschenkt hat und welche nicht? Als mir vor einigen Jahren klar wurde, wie zentral diese Frage sowohl für das persönliche geistliche Leben als auch für den Gemeindeaufbau ist, aber andererseits merkte, wie unbeholfen die meisten Christen und Gemeinden diesem Thema gegenüberstehen, ging ich daran, Hilfsmittel zu entwickeln, die Christen dabei unterstützen, ihren geistlichen Gaben auf die Spur zu kommen. So entstand unter anderem unser „Gabentest", der seitdem in zahlreichen Gemeinden eingesetzt wurde. Unzählige Christen berichteten mir, daß ihnen dieser Test geholfen habe, ihre Begabung und damit Berufung ausfindig zu machen.

„Kein Christ sollte sich eher zufrieden geben, bis er sagen kann: In diesem Bereich liegen meine geistlichen Gaben und damit auch meine Berufung."

Der Gabentest ist nun ganz und gar nichts Magisches. Hier wird ganz einfach das abgefragt, was die normalen „Früchte" unterschiedlicher Begabungen sind. Der Auswertungsbogen bringt jeweils einige „manifeste" und einige „latente" Gaben ans Tageslicht. Nun sage ich natürlich nicht, daß das Ergebnis des Tests mit unfehlbarer Sicherheit mit den wirklichen geistlichen Gaben dieser Menschen und damit mit ihrer Berufung identisch sei. Allerdings: Die Wahrscheinlichkeit, daß in dem Bereich, den der Gabentest ausweist, die wirklichen geistlichen Gaben eines Menschen liegen, ist sehr groß.

Natürlich gibt es auch unzählige andere Möglichkeiten, seinen Gaben auf die Spur zu kommen: Gespräche mit anderen Christen, Gebetszeiten, Seminare, Experimente mit Gaben etc. Ganz gleich, für welchen Weg Sie sich entscheiden – nach meiner Überzeugung sollte sich kein Christ eher zufrieden geben, bis er sagen kann: „In diesem und diesem Bereich liegen meine geistlichen Gaben und damit auch meine Berufung."

Praktische Anleitung:

- *Welche Gaben hat Gott Ihnen geschenkt, und wie können Sie diese besser als bisher dafür einsetzen, daß die Gute Nachricht verbreitet wird? Wenn Sie das Arbeitsbuch „Der Gabentest" (nähere Informationen auf den Seiten 115 und 119) durcharbeiten, stoßen Sie auf jeweils fünf manifeste und fünf latente Gaben. Die Wahrscheinlichkeit ist groß, daß in diesem Bereich Ihre tatsächliche Begabung und damit Berufung liegt. Dem Gabentest liegen insgesamt 30 geistliche Gaben zugrunde, die im Buch ausführlich erläutert werden:*

Apostel
Auslegung des Zungenredens
Barmherzigkeit
Dämonenaustreibung
Dienen
Ehelosigkeit
Erkenntnis
Evangelisation
Freiwillige Armut
Gastfreundschaft
Geben
Gebet
Glaube
Handwerk
Heilung
Helfen
Hirtendienst
Künstlerische Kreativität
Lehren
Leidensbereitschaft
Leitung
Missionar
Musik
Organisation
Prophetie
Seelsorge
Unterscheidung der Geister
Weisheit
Wundertaten
Zungenreden

Meine manifesten Gaben

1. ______________________
2. ______________________
3. ______________________
4. ______________________
5. ______________________

Meine latenten Gaben

1. ______________________
2. ______________________
3. ______________________
4. ______________________
5. ______________________

- *Welche Aufgaben würden zu Ihren Gaben passen?*

____

____

____

- *Welche Aufgaben nehmen Sie derzeit in der Gemeinde wahr?*

____

____

____

- *Über welche Veränderungen sollte nachgedacht werden?*

____

____

____

Schritt 2: Ihre erweiterte Familie

„Zu wie vielen Menschen, die noch keine Christen sind, haben Sie relativ engen und freundschaftlichen Kontakt?"

Zu wie vielen Menschen, die noch keine Christen sind, haben Sie relativ engen und freundschaftlichen Kontakt? In jedem unserer Evangelisationsseminare stelle ich an der einen oder anderen Stelle diese Frage. Dabei habe ich gemerkt: Die meisten Christen neigen dazu, die Zahl derartiger Kontakte zu unterschätzen. So sagte mir zum Beispiel eine Teilnehmerin, Maria, relativ frustriert: „Ich habe überhaupt keine Kontakte zu Außenstehenden. Als Hausfrau und Mutter von vier kleinen Kindern habe ich einfach keine Zeit, derartige Außenkontakte zu pflegen."

Da ich vermutete, daß es etlichen in der Gruppe ähnlich wie Maria ging, fragte ich sie, ob sie bereit sei, nach vorne zu kommen und uns etwas mehr über ihre Erfahrungen zu erzählen.

„Über welche Erfahrungen?" fragte sie mich relativ verwundert.

„Nun, über Ihre Erfahrungen mit Ihren nicht vorhandenen Kontakten", sagte ich.

Maria verstand zwar nicht ganz, was ich wohl im Schilde führte, kam aber schließlich doch nach vorne. Ich legte eine Overhead-Folie auf den Tageslichtschreiber, die das folgende Schaubild enthielt:

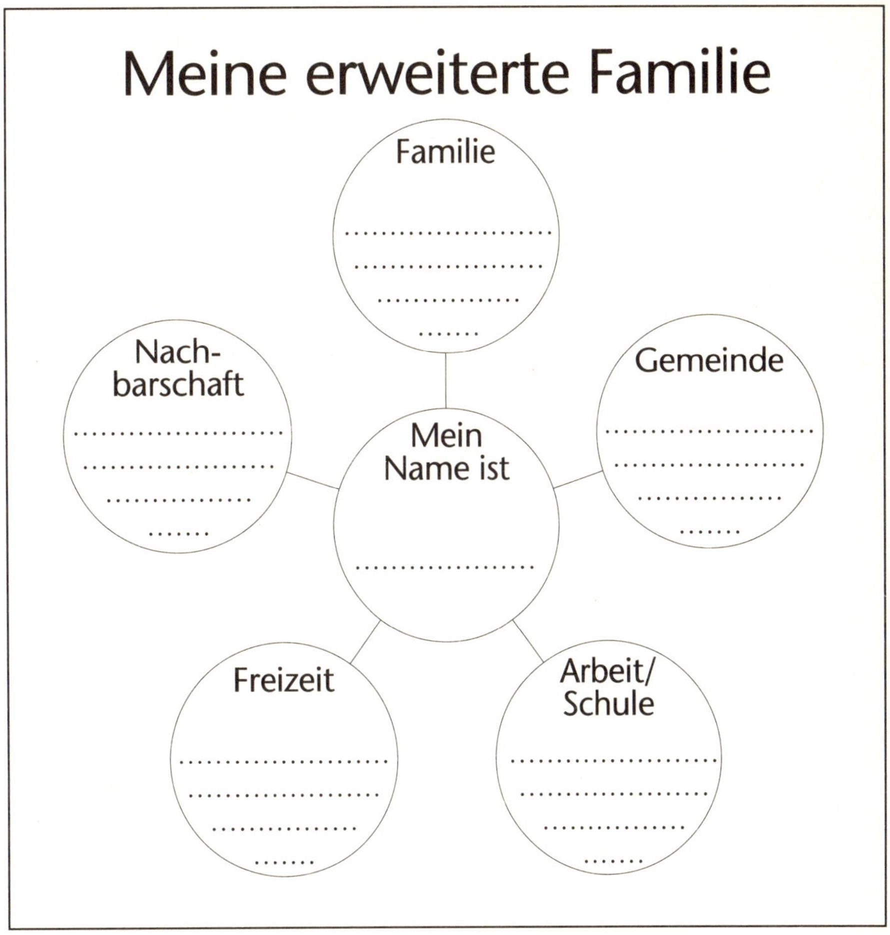

Wer gehört zur erweiterten Familie?

Bei der erweiterten Familie, so erklärte ich der Gruppe, handelt es sich um das Kontaktnetz, das Christen zu Menschen haben, die Christus noch nicht kennen. In den mittleren Kreis schrieb ich Marias Name, und anschließend gingen wir gemeinsam jeden der fünf äußeren Kreise durch. Ich bat Maria, darin jeweils die Vornamen von Menschen einzutragen, zu denen sie persönliche Kontakte hat, die aber noch keine Christen sind. So schauten wir uns jeden Lebensbereich einzeln an: Familie, Gemeinde, Arbeit, Freizeit, Nachbarschaft. Und siehe da, am Ende unseres vielleicht fünfminütigen Gesprächs standen insgesamt acht Namen auf der Folie, Marias eigener und sieben weitere.

Ich sagte zur Gruppe: „Das, was ihr hier vor euch seht, ist das typische Kontaktnetz eines Christen, der keine Kontakte zu Außenstehenden hat."

Maria mußte schmunzeln. Sie sagte, daß ihr erst beim Ausfüllen des Schaubildes deutlich geworden sei, wie viele Kontakte zu Außenstehenden sie eigentlich habe.

Ich erzähle dieses Beispiel deshalb, weil ich relativ oft solchen Marias begegne. Sie haben eine Fülle von Kontakten zu Menschen, die Jesus noch nicht kennen, sind sich dessen aber einfach nicht bewußt. Eine so simple Übung wie das Ausfüllen dieses Schaubildes kann uns dabei helfen, ein Bewußtsein für die Brücken zu schaffen, die uns Gott bereits zu anderen Menschen geschenkt hat.

Mit der „erweiterten Familie" ist also in diesem Grundkurs die Gesamtzahl der Menschen gemeint, zu denen wir selbst persönliche Kontakte haben, die aber Christus noch nicht kennen. Ich habe dieses Formblatt bereits in unzähligen Seminaren eingesetzt und weiß von vielen Menschen, deren Namen Seminarteilnehmer auf dem Blatt eingetragen haben, die heute selber Christen und aktive Glieder ihrer Gemeinde sind. Das Ausfüllen dieses Formblattes war in vielen Fällen der erste Schritt, um diese Menschen mit der Liebe Gottes bekannt zu machen.

Gott segnet auch kleinste Bemühungen

Wie sehr Gott dieses Bemühen segnet, wurde mir im letzten Jahr auf eindrucksvolle Weise deutlich. Wieder einmal hatte ich in einem Seminar das Formblatt verteilt und jeden Teilnehmer gebeten, es auszufüllen. Da ich die Übungen, die ich den Seminarteilnehmern empfehle, in der Regel auch selber mitmache, füllte auch ich zum wiederholten Male das Arbeitsblatt aus. Dabei schrieb ich in den Kreis mit Familienangehörigen, die Christus noch nicht kennen, den Namen meines älteren Bruders Jörg. Zu ihm hatte ich zwar kein sehr intensives Verhältnis, aber hin und wieder sahen wir uns. Einmal hatte er mir deutlich gesagt, daß er eine klare Entscheidung gegen Jesus vollzogen habe. Persönlich ging es Jörg ziemlich schlecht: Er war vor Jahren in die Drogenszene abgerutscht, selber abhängig und finanziell permanent in Schwierigkeiten.

Aber zurück zum Seminar. Als „Abschlußübung" hatte ich für jeden Teilnehmer einen Briefumschlag mit einer Hausaufgabe vorbereitet: eine ganz konkrete „Übung", die die Person, die den entsprechenden Umschlag zog, innerhalb der nächsten Tage und Wochen zu erledigen hatte. Bei diesen Aufgaben ging es mir darum, die Prinzipien, die wir während des Seminars mehr theoretisch gelernt hatten, nun auch praktisch einzuüben.

Nachdem die Umschläge durch die Reihen gegangen waren und sich jeder, der sich beteiligen wollte, eine Aufgabe gezogen hatte, blieb noch ein Umschlag übrig. Der Gemeindepastor forderte mich auf, diesen Umschlag doch selbst zu ziehen, und ich tat es auch. Auf diese Weise erhielt ich folgende Aufgabe: „Machen Sie einem Mitglied Ihrer erweiterten Familie innerhalb der nächsten 14 Tage ein Geschenk. Bitte keine Flasche Wein, kein Blumenstrauß, keine Pralinen, sondern etwas ganz Persönliches. Schreiben Sie nichts Frommes dazu, sondern einfach nur, daß Sie dieser Person gerne eine Freude machen wollten."

Ein „Care-Paket" für Jörg

Mit dieser Hausaufgabe im Gepäck fuhr ich wieder zurück nach Hause. Da wir kurze Zeit später in Urlaub fahren wollten, ermahnte mich Brigitte, meine Frau, doch unbedingt noch die unerledigte Aufgabe auszuführen und Jörg ein entsprechendes Geschenk zu machen. Beim nächsten Einkauf suchten wir eine ganze Reihe von Artikeln aus, von denen wir meinten, daß sich Jörg darüber freuen könnte: Kerzen, Kaffee, Streichhölzer, Wachteleier, Marzipan, Juckpulver, Spülmittel, Pustefix, Luftballons und Thunfisch. Dazu schrieb ich noch einen kurzen Brief, hielt mich dabei streng an die Vorgabe, nichts Frommes zu sagen, wir stopften das Paket mit Altpapier aus – und ab ging die Post. Anschließend flogen wir in den Urlaub, wo wir – was wir uns lange vorgenommen hatten – für die Außenwelt absolut unerreichbar waren.

„Machen Sie einem Mitglied Ihrer erweiterten Familie ein Geschenk. Schreiben Sie nichts Frommes dazu, sondern einfach nur, daß Sie dieser Person gern eine Freude machen wollten."

Als wir vier Wochen später wieder in Deutschland ankamen, erwartete uns am Frankfurter Flughafen bereits ein Mitarbeiter. „Christian, dein älterer Bruder ist gestorben." Ich erfuhr, daß er wenige Tage zuvor tot auf einem Fabrikgelände gefunden worden war, mit einer Heroinspritze in der Hand. Am nächsten Morgen sollte die Beerdigung sein.

Zu spät?

Mich traf diese Nachricht wie ein Schlag. Ich hatte während der letzten Jahre keinen sonderlich engen Kontakt zu Jörg gehabt, und mir ging durch den Kopf, was ich hätte alles tun können, um ihm mehr Liebe zu zeigen, so daß er auf diese Weise etwas von der Liebe Gottes hätte erfahren können. Aber jetzt war es zu spät.

Wir flogen von Frankfurt weiter nach Hamburg, und während dieser dreiviertelstündigen Flugzeit wurde mir zum ersten Mal richtig bewußt, was es heißt, daß ein Mensch ohne Christus gestorben ist. Mir gingen alle möglichen Gedanken durch den Kopf, was man hätte tun können, um Jörg Christus zu bezeugen – aber diese Chance war ein für alle Mal verpaßt.

Ich begann zu beten, aber wußte nicht recht, welche Worte ich benutzen sollte. Ich sagte: „Herr Jesus, Jörg hat sich zwar gegen dich entschieden, und du weißt das. Aber bitte, erbarme dich doch. Irgendwie. Ich weiß nicht wie." Mir war klar, daß dieses Gebet relativ wirr war, aber es entsprach einfach dem, was ich in jenen Minuten fühlte.

Als wir zu Hause angekommen waren, durchwühlte ich kurz die Post, die sich während unserer Abwesenheit angesammelt hatte, und entdeckte dabei einen Brief von Jörg. Wir hatten uns so gut wie nie geschrieben, und so war ich über diesen Brief mehr als erstaunt. Noch bevor ich ihn öffnete, sagte ich zu Brigitte: „Paß auf, und jetzt schreibt uns Jörg womöglich, daß er sich noch kurz vor seinem Tod bekehrt hat!" Und im Inneren betete ich: „Herr, bitte, laß es doch so geschehen!"

In dem Brief bedankte sich Jörg für unser „Care-Paket", wie er es nannte, und schrieb dann einige Absätze über alle möglichen, relativ trivialen Dinge. Der letzte Abschnitt seines Briefes begann so: „Christian, Ihr habt dem Paket einige Seiten eines Buchmanuskriptes beigelegt, und mir ist klar, warum Ihr das getan habt."

Erstaunt fragte ich Brigitte: „Was haben wir beigelegt?"

Brigitte sagte, daß es sich dabei nur um Druckfahnen zu einem Glaubenskurs handeln konnte, den wir bei uns bearbeitet hatten. Brigitte hatte einige Seiten davon, nun wirklich ohne jeden evangelistischen Hintergedanken, als reines Stopfmaterial in das Paket gesteckt.

Worauf es wirklich ankommt

In dem Brief hieß es weiter: „Ich möchte Dir sagen, daß ich selber gemerkt habe, wie perspektivlos mein Leben zwischen Hedonismus und Drogen ist. Mir ist klar geworden, daß die einzige Antwort für mich Jesus Christus ist. Ich habe mittlerweile auch schon Schwestern und Brüder gefunden, die mich bei meinen ersten Schritten im Glauben stützen. Schreib Du mir doch mal, wie Du mit dem Herrn lebst. Jörg."

Als wir am nächsten Morgen zur Beerdigung fuhren, hatte ich den Brief in der Tasche, und ich las ihn am Grab vor. Für diejenigen, die die Botschaft, die Jörg uns da sendete, verstanden, verwandelte sich diese Beerdigung in eine echte Feier. Sicherlich, Jörg war mit nur 32 Jahren gestorben, aber wir wußten, daß er zum Herrn gegangen war. Er hatte kurz vor seinem Tod Frieden mit Gott gemacht. Die Ewigkeit gemeinsam mit Gott verbringen – gibt es eigentlich eine größere Karriere?

Am Ende dieses Tages war ich beschämt. Mir wurde erneut klar, wie lächerlich wenig ich für meinen Bruder getan hatte. Aber gleichzeitig wurde mir bewußt, wie sehr Gott dieses lächerlich wenige benutzen und segnen kann. Sicherlich vor allen Dingen um Jörgs willen, den er so sehr liebte. Aber vielleicht auch, um damit mir eine Lektion zu verpassen!

Seit diesem Erlebnis ist mir klar: Wo immer Menschen beginnen, ihre erweiterte Familie ausfindig zu machen, für sie zu beten, ihr ihre Liebe zu zeigen, ist das mehr als nur eine pädagogische Übung. Hier geht es um einen Prozeß, der Relevanz für Zeit und Ewigkeit hat!

Praktische Anleitung:

- *Tragen Sie in die oben erklärte Abbildung „Meine erweiterte Familie" die Vornamen aller Menschen ein, zu denen Sie gute Kontakte haben, die aber Jesus noch nicht kennen.*

- *Da Sie sich wahrscheinlich nicht allen Mitgliedern Ihrer erweiterten Familie gleichzeitig zuwenden können, ist es sinnvoll, sich zunächst einmal auf eine Person zu konzentrieren. Wer von den Menschen, deren Namen Sie in das Schaubild eingetragen haben, ist Ihrer Einschätzung nach besonders aufnahmebereit für die Gute Nachricht? Tragen Sie den Namen dieser Person hier ein:*

____

Schritt 3: Gebetspartner

Daß das Gebet im Blick auf Evangelisation eine schlechterdings fundamentale Bedeutung hat, ist mir eigentlich schon so lange klar, wie ich selber Christ bin. Wie sich allerdings Gebet ganz konkret, praktisch und nachweisbar auf den Evangelisationsprozeß auswirkt, habe ich erst während eines Gemeindeaufbau-Seminars erlebt, das ich in einer Schweizer Gemeinde durchführte.

Nachdem im ersten Teil des Seminars die Teilnehmer ihre geistlichen Gaben entdeckt hatten, entschloß ich mich, mit einigen von ihnen ein Interview zu führen. Mir ging es dabei darum, an ganz konkreten Beispielen zu zeigen, wie Gott auch in dieser Situation die Gemeindeaufbauprinzipien, mit denen wir uns während des Wochenendes beschäftigten, benutzt.

»Es ist erstaunlich, was Gott durch einen einzigen Menschen, der bereit ist, seine Gabe einzusetzen, alles tun kann.«

Bei diesen Interviews hatte ich besonders viel Spaß an Fabian, einem Studenten Anfang 20, dem Gott ganz offensichtlich die Gabe der Evangelisation gegeben hatte. Er erzählte der Gruppe in sehr beredten Worten davon, wie er Menschen zum Glauben führt, wieviel Freude ihm dieser Dienst macht und daß er am liebsten gar nichts anderes täte, als mit Nichtchristen über Jesus zu reden. Er nannte uns auch die Namen von vier Menschen, denen er während der letzten eineinhalb Jahre zu einem Anfang im Glauben verholfen hatte. Drei von ihnen waren nun aktive Mitglieder dieser Gemeinde, einer nahm sogar als Mitarbeiter an unserem Seminar teil. Die Gruppe staunte, was Gott durch einen einzigen Menschen, der bereit ist, seine Gabe einzusetzen, alles tun kann.

Was Gebete bewirken können

Nach Fabian interviewte ich Maja, eine 23jährige Krankenschwester, der Gott nicht die Gabe der Evangelisation gegeben hat. Ich fragte sie, welche Gaben während des Seminars bei ihr ans Tageslicht gekommen seien, und sie nannte unter anderem die Gabe des Gebets. Im Unterschied zu Fabian war Maja rhetorisch nicht sehr begabt. Sie war ein stillerer, mehr introvertierter Typ. Es fiel ihr gar nicht so leicht, spontan auf meine Fragen zu antworten.

Je mehr ich sie danach befragte, wie sie die Gabe des Gebets ganz konkret einsetzte, desto „spektakulärere" Dinge kamen ans Tageslicht. Es stellte sich heraus, daß Maja für drei der vier Personen, die Fabian in letzter Zeit zum Glauben führte, über Monate regelmäßig gebetet hatte – und zwar ohne daß irgendjemand in der Gemeinde davon gewußt hätte! Gerade hatte Fabian noch erzählt, es sei ihm „relativ leicht gefallen", diesen Menschen zu einem Anfang mit Jesus zu verhelfen, weil sie ihm einfach „gut vorbereitet" schienen. Und hier war die Ursache für dieses Phänomen: Die Gebete von Maja hatten offensichtlich diese „Vorbereitung" bewirkt!

Die meisten in der Gruppe – inklusive meiner Person – empfanden diesen Bericht als etwas ganz und gar Außergewöhnliches. Nur Maja selbst meinte: „Aber das ist doch selbstverständlich." So redet in aller Regel jemand, dem Gott die Gabe des Gebets gegeben hat. Wenn Gott ihre Gebete erhört, dann sind diese Christen zwar dankbar dafür – aber irgendwie „außergewöhnlich" finden sie das nicht. Sie scheinen vielmehr fest mit einem solchen Ergebnis zu rechnen.

Am Ende unseres Interviews fragte ich Maja: „Wärst du auch bereit, für Anliegen, die dir andere Gemeindeglieder nennen, zu beten?"

Ihre Antwort: „Ich würde nichts lieber tun."

Ich fragte sie: „Hat dir schon einmal jemand aus der Gemeinde bewußt Anliegen genannt, für die er dein Gebet wünschte?"

Ihre Antwort: „Nein, bisher leider noch nicht."

Da hatte Gott diese junge Frau längst zu einem wunderbaren Gebetsdienst berufen, aber ihre Gabe war in der Gemeinde einfach noch nicht bekannt. Wie gut, daß jetzt jeder (zumindest jeder Seminarteilnehmer) wußte: Wenn du etwas hast, wofür du Gebet brauchst, Maja ist glücklich, diesen Dienst tun zu dürfen!

Wer hat die Gabe des Gebets?

Seit dieser Erfahrung vergeht kaum ein Evangelisationsseminar, in dem ich nicht diejenigen Christen, denen Gott die Gabe des Gebets gegeben hat, aufstehen lasse, so daß sie von jedem erkannt werden können. Dies sind sehr häufig Menschen, die sich nach konkreten Arbeitsaufträgen geradezu sehnen, diese aber nur in den seltensten Fällen erhalten.

Wenn Sie den Mitgliedern Ihrer erweiterten Familie die Liebe Gottes bezeugen, sollten Sie auf keinen Fall auf die Rückendeckung derartiger Beter verzichten. Nach unseren Untersuchungen ist davon auszugehen, daß Gott etwa 14 Prozent der Christen die Gabe des Gebets gegeben hat. Wenn Ihre Gruppe bzw. Gemeinde das Prinzip der gabenorientierten Mitarbeiterschaft bereits eingeführt hat, sind diese Christen wahrscheinlich bekannt. Wenn in Ihrer Gemeinde die Frage nach den geistlichen Gaben allerdings (noch) kein Thema ist, kann es bisweilen etwas mehr Aufwand bedeuten, den geeigneten Gebetspartner zu finden.

Auf jeden Fall ist wichtig, daß es sich hierbei um Menschen handelt, die nicht aus bloßem Pflichtgefühl heraus den Gebetsdienst übernehmen, sondern weil sie sich innerlich dazu gedrängt fühlen. Nach meinen Erfahrungen ist dies bei Menschen, die die Gabe des Gebets haben, sehr viel eher vorauszusetzen, als bei solchen, denen Gott diese Gabe nicht gegeben hat.

Geben Sie dieser Person regelmäßig konkrete Informationen im Blick auf die Mitglieder Ihrer erweiterten Familie. Sagen Sie ihr, welche Probleme es im Leben dieses Menschen gibt und welche Veränderungen Sie von Gott erwarten. Je konkreter die Informationen sind, desto konkreter kann für Ihre Anliegen gebetet werden. Sie können erwarten, daß Gott sich zu derartigen Gebeten bekennen wird.

Praktische Anleitung:

- *Wer kommt für Sie als Gebetspartner in Frage? Tragen Sie hier die Namen von Christen ein, bei denen Sie sich das vorstellen könnten. Bisweilen kann es gewisse Zeit brauchen, bis Sie den geeigneten Gebetspartner gefunden haben. Geben Sie sich aber nicht eher zufrieden, bis Sie einen oder auch mehrere Christen ausfindig gemacht haben, denen Sie regelmäßig Ihre Gebetsanliegen weitergeben können.*

____

____

____

„Wenn Sie den Mitgliedern Ihrer erweiterten Familie die Liebe Gottes bezeugen, sollten Sie auf keinen Fall auf die Rükkendeckung engagierter Beter verzichten.“

- *Denken Sie an die Person, deren Namen Sie auf Seite 62 aufgeschrieben haben. Für welchen Bereich ihres Lebens benötigt sie am dringendsten Gebet?*

____

____

____

Schritt 4: Die Bedürfnisse Ihrer erweiterten Familie

Was sind die dringendsten Bedürfnisse der Menschen, die zu Ihrer erweiterten Familie gehören? Mag sein, daß Sie auf diese Frage spontan einige treffende Antworten geben können. Es kann aber auch sein, daß Sie sich diese Frage noch nicht gestellt haben und auch bei näherem Nachdenken keinen Anhaltspunkt haben, was die Bedürfnisse dieser Menschen sind.

Es gibt indessen einen denkbar einfachen Weg, sich diese Informationen zu beschaffen: Fragen Sie die Menschen! Schon allein diese Frage kann der Beginn eines Prozesses sein, an dessen Ende ein neuer Jünger Jesu steht.

„Marktforschung" praktisch

Von einigen Firmen weiß ich, daß sie jedes Jahr Hunderttausende Mark in die Marktforschung investieren. Derartige Untersuchungen haben kein anderes Ziel, als die Bedürfnisse der jeweiligen Zielgruppen herauszufinden, um die eigene Angebotspalette besser auf diese Bedürfnisse beziehen zu können.

In einem Seminar sagte mir einmal ein Teilnehmer: „Wenn wir das Prinzip der bedürfnisorientierten Evangelisation wirklich umsetzen wollen, brauchten wir eigentlich Unmengen an Geld, um eine derartige Erhebung durchführen zu können."

So viel ich selbst von professioneller Marktforschung halte, an dieser Stelle mußte ich dem übermotivierten Seminarteilnehmer widersprechen. „Ich glaube nicht", sagte ich, „daß wir sehr viel Geld brauchen, um den Bedürfnissen der Menschen, die wir gewinnen wollen, auf die Spur zu kommen. Wenn jeder hier im Saal die Mitglieder seiner erweiterten Familie fragt, was ihre Bedürfnisse sind, so läßt sich doch sehr schnell und ohne großen Aufwand eine solche ‚Marktforschung' durchführen. Dadurch, daß diese Menschen zu uns in der Regel sehr viel mehr Vertrauen haben als zu irgendwelchen Marktforschern, werden wir in solchen Gesprächen auf Punkte stoßen, um die uns professionelle Marktforschungs-Institute nur beneiden können!"

Um Christen und Gemeinden in diesem Prozeß zu unterstützen, setzen wir das Formblatt auf Seite 66 ein. Dieses Blatt soll nicht dazu dienen, daß Sie es Ihrem Gesprächspartner vorlegen und Frage für Frage durchgehen. Der „Oikos-Faktor" (siehe Seite 19) ermöglicht Ihnen, ein sehr viel besseres Verfahren anzuwenden. Reden Sie mit den Menschen immer wieder über ihre Fragen, Wünsche, Bedürfnisse, Interessen und Nöte. Nach diesen Gesprächen können Sie auf dem Formblatt eintragen, was Sie alles Neues über diese Person gelernt haben. Und im Laufe der Zeit werden Sie erleben, wie sich das Formblatt mehr und mehr füllt.

Was wissen Sie von den Mitgliedern Ihrer erweiterten Familie? Welchen persönlichen Hintergrund hat jeder einzelne dieser Menschen? Was machen sie in ihrer Freizeit? Was sind ihre Ansichten zu bestimmten Fragen? Wie sieht ihr Familienleben aus, und wo liegen da ihre Sorgen? Sind sie mit ihrer Arbeit zufrieden? Welche Erfahrungen haben sie in ihrem Leben schon hinter sich gebracht?

Und was wissen Sie über die geistliche Dimension dieser Menschen? Wie sind ihre bisherigen religiösen Erfahrungen? Wie gut kennen sie die Bibel? Was verstehen sie unter einem christlichen Leben? Welche grundsätzliche Einstellung haben sie dem Christentum gegenüber? Sind sie offen, über geistliche Fragen zu reden? Haben sie irgendwelche christlichen Freunde?

Persönliches Profil von ____________________

Beruf: ____________ **Alter:** ____________

Geburtsort: ____________ **Partner:** ____________

Familienstand:
- O Alleinstehend
- O Verheiratet
- O Verwitwet
- O Unverheiratet zusammenlebend
- O Getrennt lebend
- O Geschieden

Name und Alter der Kinder: ____________

Wie viele der Kinder leben noch bei den Eltern? ____________

Interessen / Hobbies / Freizeitbeschäftigungen: ____________

Gaben / Fähigkeiten / Ausbildungen: ____________

Probleme / Bedürfnisse / Sorgen: ____________

Religiöser Hintergrund: ____________

Einstellung gegenüber dem Christentum / unserer Gemeinde: ____________

Mißverständnisse bezüglich des Christentums / unserer Gemeinde: ____________

Bibelkenntnis: ____________

Christliche Familienmitglieder/Verwandte: ____________

Andere Christen, die er/sie gut kennt: ____________

Was mir sonst noch auffiel: ____________

Weiterhin: Finden Sie heraus, warum die entsprechende Person kein Christ ist. Hat sie das Evangelium bereits gehört? Ist sie jemals ernsthaft zu einem Leben mit Jesus Christus eingeladen worden? Hat sie vielleicht bislang nur keine Veranlassung gesehen, ein Leben mit Christus „fest" zu machen? Schwimmt sie im Strom einer unverbindlichen Kirchlichkeit mit? Hat sie sich für einen anderen religiösen Lebensstil entschieden?

Indem Sie sich bemühen, im Laufe der Zeit auf immer mehr derartiger Fragen eine Antwort zu finden, hat bereits ein wichtiger Prozeß begonnen.

Wie die „Befragten" reagieren

Bei einem Seminar bat ich die Teilnehmer, jeweils an ein Mitglied ihrer erweiterten Familie zu denken und für diese Person das Formblatt auszufüllen. Einige konnten sehr detaillierte Angaben machen, bei anderen Teilnehmern blieb das Blatt so gut wie leer.

Nach der Veranstaltung kam einer der Teilnehmer, Patrick, auf mich zu und sagte mir, daß er diese Übung ganz schön schwierig fand. „Was du da alles über diese Person wissen willst", sagte er mir, und seine Stimme klang geradezu ein bißchen vorwurfsvoll, „wie soll ich das denn herauskriegen? So gut kenne ich die Sabine nun auch wieder nicht."

Ich sagte ihm: „Dann ruf sie doch einfach einmal an, und sag ihr, dir sei klargeworden, daß eure Beziehung bisher relativ oberflächlich gewesen ist, und daß du dich sehr dafür interessierst, mehr über sie zu erfahren. Dann kannst du sie nach einigen der Bereiche befragen, die auf dem Formblatt genannt sind."

Patrick lachte und winkte ab. „Meinst du das ernst? Wenn ich tatsächlich so mit ihr redete, hätte ich am Ende nur einen Kontakt weniger. Sabine würde mich entweder für verrückt erklären, oder sie würde glauben, ich hätte mich in sie verliebt."

Als ich am nächsten Morgen zum zweiten Teil des Seminars im Gemeindesaal erschien, kam Patrick ganz aufgeregt auf mich zu. Er sagte mir, daß er noch am gleichen Abend Sabine angerufen habe, um genau das zu tun, was ich ihm empfohlen hatte.

„Und hat sie dich für verrückt erklärt?" fragte ich.

„Überhaupt nicht", meinte Patrick. „Sie war total dankbar, daß gerade zu diesem Zeitpunkt jemand bei ihr anrief und sich für ihre Situation interessierte. Sie sagte mir, daß sie noch nie einem Menschen begegnet sei, der ihr solche Fragen gestellt habe. Und wir haben gleich für nächsten Sonntag einen Termin vereinbart, um uns ausführlicher darüber zu unterhalten. Ich habe Sabine auch zu unseren Vortragsabenden in die Gemeinde eingeladen. Sie wollte sich zwar noch nicht festlegen, aber sie schien doch recht interessiert zu sein."

Was war hier eigentlich geschehen? Da hatte sich ein gemeindlicher Mitarbeiter, wenn auch recht skeptisch, auf den Weg gemacht, eine kleine „Marktforschung" durchzuführen. Und das Ergebnis? Ein Mensch, der noch keinen Kontakt zur Gemeinde hatte, bekam die Botschaft vermittelt: „Es gibt Leute, die sich für meine Bedürfnisse, für meine Sorgen und Nöte interessieren."

Ich bin Patrick nach diesem Seminar nicht mehr begegnet. Aber mich würde es nicht wundern, wenn Sabine heute selber Christin und Glied der Gemeinde wäre. Und auch wenn sie sich bis dato noch nicht für Christus entschieden haben sollte, so ist sie doch auf jeden Fall einem Christen begegnet, in dessen Leben sie etwas von der Liebe Gottes wahrnehmen konnte. Vielleicht bedarf es noch zwei, drei oder fünf weiterer solcher Impulse, bis sie sich selbst danach ausstreckt, der Liebe Gottes persönlich zu begegnen.

Um mit anderen Menschen über deren Sorgen und Bedürfnisse ins Gespräch zu kommen, brauchen wir weder die Gabe der Evangelisation noch die Gabe der Seelsorge. Das einzige, was wir brauchen, ist dies: Liebe zu den Menschen.

Praktische Anleitung:

- *Beginnen Sie damit, das Formblatt auf Seite 66 („Persönliches Profil") für die Person, deren Namen Sie auf Seite 62 notiert haben, auszufüllen. Sehen Sie zu, daß Sie die Angaben im Laufe der nächsten Zeit immer mehr vervollständigen.*

Schritt 5: Liebe, Liebe, Liebe

Es gibt Programme der persönlichen Evangelisation, die Freundschaften als Mittel zum Zweck der Bekehrung einsetzen. Ich halte dies für einen grundfalschen Ansatz, weil er dem Wesen der Liebe widerspricht.

Christen, die so arbeiten, sind ausgesprochen aufopferungsbereit und freundlich – solange sie eine Chance wittern, ein neues Gemeindeglied zu gewinnen. Gelangen sie dann aber nicht zum Erfolg, lassen sie häufig auch ihre ungläubige Kontaktperson wie eine heiße Kartoffel fallen. Der Einsatz hat sich in ihren Augen einfach nicht „rentiert".

Wer so agiert, hat vom Wesen christlicher Liebe nichts begriffen. Wann immer ein Nichtchrist merkt, daß die angebliche Freundschaft des Christen nur Mittel zum Zweck gewesen ist, wird er anschließend dem Evangelium gegenüber abweisender als zuvor sein. Ich weiß von Fällen, wo Menschen durch solche Erlebnisse, in der Begrifflichkeit der „Engel-Skala" (Seite 33) ausgedrückt, gleichsam von –2 auf –6 abrutschten!

Christliche Liebe ist bedingungslos

Nichtchristen kennen zwar Jesus nicht, aber sie sind deshalb noch lange nicht blöd. In der Regel haben sie ein sehr feines Gespür, die wirklichen Absichten hinter unseren Worten und Taten herauszufinden. Das Konzept der Oikos-Evangelisation, wie es in diesem Grundkurs vertreten wird, wäre gründlich mißverstanden, wenn es als ein Versuch gesehen würde, Freundschaft als Mittel zum Zweck zu mißbrauchen.

„Nichtchristen kennen zwar Jesus nicht, aber sie sind deshalb noch lange nicht blöd."

Christliche Liebe ist bedingungslos. Das heißt praktisch: Ich darf meine Zuwendung zu einem Menschen nicht davon abhängig machen, wie er auf das Angebot des Glaubens reagieren wird. Keine noch so ausgeklügelte evangelistische Gesprächsmethode kann das ersetzen, was das Wesen echter, bedingungsloser Liebe ausmacht.

Nachdem wir von unserem Institut mehr als 400 Gemeinden in Deutschland, Österreich und der Schweiz untersucht hatten, stießen wir auf das Ergebnis: Wachsende Gemeinden fallen durch das auf, was wir einen „hohen Liebesquotienten" nennen. Beim „Liebesquotienten" handelt es sich um den Versuch, auf einer Skala von 1-100 auszudrücken, wie stark bzw. schwach in einer Gemeinde das christliche Liebesgebot den Gemeindealltag bestimmt. Eine der wichtigsten Ursachen für das Wachstum von Gemeinden ist, daß ihre Mitglieder verstanden haben, was es mit dem Wesen der Liebe auf sich hat.

Das Beste, was Sie in die Beziehung zu einem Mitglied Ihrer erweiterten Familie einbringen können, ist echte, bedingungslose Liebe. Überraschen Sie diese Person mit einem kleinen Geschenk. Verbringen Sie, wenn sie das Bedürfnis danach hat, Zeit mit ihr. Unternehmen Sie gemeinsam etwas Schönes – innerhalb und auch außerhalb des gemeindlichen Kontextes. Helfen Sie mit, wo Not am Mann ist. Seien Sie ein guter Zuhörer, wenn der andere von sich selbst erzählt.

Liebe erfordert Zeit

An dieser Stelle hat mir noch nie ein Christ widersprochen. Wenn es allerdings darum geht, solche Absichtserklärungen nun auch praktisch werden zu lassen, regen sich erhebliche Widerstände. Nach meiner Erfahrung ist eines der größten Hindernisse, das christliche Liebesgebot auch in die Tat umzusetzen, schlicht der Zeitfaktor. Während sich eine auswendig gelernte Darlegung des Evangeliums gegebenenfalls in wenige Minuten pressen läßt, erfordert das Praktizieren von Liebe Zeit – bisweilen sogar sehr viel Zeit. Und davon haben viele von uns, besonders die engagiertesten Mitarbeiter, einfach nicht genug.

Ein Mitarbeiter sagte mir einmal: „Dienstags habe ich Bibelstunde, mittwochs Mitarbeiterkreis, freitags 14tägig Gebetskreis, am Samstag mache ich in aller Regel Straßeneinsätze, und sonntags besuche ich den Gottesdienst. Da ich den Donnerstagabend fest für meine Familie freihalte und montags eine berufliche Fortbildung habe, weiß ich einfach nicht, woher ich die Zeit nehmen soll, um alles das, was wir in diesem Seminar gehört haben, auch umzusetzen." Und während er das sagte, schaute er schon wieder auf die Uhr.

Ein großes Problem scheint mir darin zu liegen, daß viel zu viele Christen viel zu viel Zeit in der Gemeinde verbringen. Manche Gemeinden sind zu allem Überfluß auch noch stolz darauf und sehen es geradezu als Zeichen ihrer Lebendigkeit, daß ihre Räumlichkeiten allabendlich mit Christen gefüllt sind. Ihre Definition von Gemeindeaufbau scheint zu lauten: „Möglichst viele Menschen in möglichst gemeindlichen Räumen möglichst lange festhalten." Ein Pastor drückte das dahinter stehende Problem einmal so aus: „Nachdem Satan jahrelang nichts unversucht gelassen hat, um die Menschen von Christen und der Gemeinde fern zu halten, läßt er jetzt nichts unversucht, die neugewonnenen Christen von der Welt fernzuhalten." Wie wahr!

Als wir in einem Seminar über das Zeitproblem sprachen, erzählte ein Mitarbeiter, wie er dieses Problem in seinem Leben gelöst habe. Auch er hatte so gut wie jeden Abend irgendeine gemeindliche Verpflichtung, aber gleichzeitig ließ er es sich nicht nehmen, in einem Verein am Ort mitzuarbeiten, „um auch dort ein lebendiges Zeugnis für den Herrn zu sein", wie er es ausdrückte.

„Ich müßte mal dringend ausführlich mit dir sprechen."

„Jetzt geht's nicht. Aber du kannst mich ja jederzeit im Montags-, Dienstags-, Mittwochs-, Donnerstags- oder Freitagskreis treffen."

Ich fragte ihn, wie er das alles unter einen Hut kriege. Er erzählte, daß er in der Regel kurz in den Vereinssitzungen vorbeischaue, dort Einladungen für die Gemeinde und manchmal auch christliche Traktate liegen lasse, um anschließend schnell noch zum gemeindlichen Gebetskreis zu huschen.

Ich fragte ihn, was denn wohl sein „Image" bei den anderen Vereinsmitgliedern sei. Er antwortete, und aus seiner Stimme klang richtiger Stolz: „Die wissen: Der Rainer kommt nur hierher, um seinen Jesus an den Mann zu bringen." Als er das erzählte, konnte ich mir lebhaft vorstellen, was man im Verein in seiner Abwesenheit wohl über ihn redete!

„Du tust noch nichts in der Gemeinde? Gott sei Dank!"

Nun ist das Zeitproblem sicherlich nicht durch einfache Formeln zu lösen. Es wäre nun wirklich kontraproduktiv, wenn alle gemeindlichen Mitarbeiter aus ihren internen Aufgaben ausstiegen, um nur noch Zeit mit Außenstehenden zu verbringen. Auch innergemeindlich muß der Leib Christi funktionieren, und dieser Dienst kostet seinen Preis und folglich auch ein erhebliches Opfer an Zeit.

Allerdings: Längst nicht jedes Gemeindeglied ist ja derartig beschäftigt, daß keine Zeit mehr für die Beziehungspflege gegenüber Außenstehenden bleibt. Ja, die meisten Mitarbeiter klagen sogar darüber, daß viel zu viele Gemeindeglieder so wenig engagiert sind. Nachdem ich über das Zeitproblem und das Wesen der Liebe viel nachgedacht habe, sehe ich derartige Klagen plötzlich in einem völlig neuen Licht. Während die meisten engagierten Mitarbeiter nichts lieber sähen, als daß auch das letzte Gemeindeglied mit innergemeindlichen Diensten ausgelastet würde, sage ich: „Wie gut, daß es zahlreiche Christen in der Gemeinde gibt, die noch nicht alle Abende der Woche im Gemeindehaus verbringen!"

Gerade die heute noch inaktiven Gemeindeglieder könnten ein enormes Potential für den evangelistischen Dienst einer Gemeinde darstellen. Ihr Auftrag wäre zunächst einmal nichts anderes als dies: Zeit mit Außenstehenden verbringen – und ihnen ihre Liebe zu zeigen. Viele der heute Inaktiven, die sich (aus welchen Motiven auch immer) hartnäckig dagegen sträuben würden, eine „offizielle Aufgabe" in der Gemeinde zu übernehmen, würde ein *solcher* Dienst einen Heidenspaß machen: schnacken, klönen, plaudern, Kaffee trinken, durch die Stadt bummeln, Kuchen essen – und das im offiziellen Auftrag der Gemeinde!

„Schnacken, klönen, plaudern, Kaffee trinken, durch die Stadt bummeln, Kuchen essen – und das im offiziellen Auftrag der Gemeinde!"

Praktische Anleitung:

- *Arrangieren Sie eine Begegnung mit der Person, deren Namen Sie auf Seite 62 notiert haben (vielleicht ein gemeinsames Essen, vielleicht ein Ausflug, Einkaufsbummel etc.). Fragen Sie sich am Ende Ihres Gesprächs:*

	ja	zum Teil	nein	Was ich an dieser Stelle tun möchte
1. War ich ein guter Zuhörer?				
2. Habe ich bestimmte Bedürfnisse/Nöte wahrgenommen?				
3. War ich geduldig?				
4. War ich offen und ehrlich?				
5. Konnte ich den Glauben bezeugen?				

Schritt 6: Das Evangelium bezeugen

Vor einigen Jahren startete ich auf dem Deutschen Evangelischen Kirchentag in Düsseldorf gemeinsam mit einem Freund ein Experiment. Wir mischten uns unter die Menschenmenge in der Düsseldorfer Altstadt und schlüpften für eine Stunde in die Rolle von Nichtchristen, die daran interessiert sind, Jesus persönlich kennenzulernen. Wie würden die Kirchentagsbesucher wohl auf uns reagieren?

Mein Freund sprach einen Passanten an: „Sind Sie nicht auch von der Kirche? Ich möchte mich gerne bekehren. Können Sie mir helfen?"

Sein Gesprächspartner erwiderte: „Um Gottes willen! Dies ist hier der Kirchentag. Da geht es nicht um Bekehrung, da geht es um Begegnung."

Etwa eine Stunde machten wir dieses Spiel. Immer die gleiche Frage – und immer sehr ähnliche Antworten. Einige unserer Gesprächspartner versuchten uns schlicht einzureden, daß wir im Grunde längst Christen seien (obwohl wir selbst das Gegenteil artikulierten!), andere erklärten uns, daß Begriffe wie Bekehrung ins Mittelalter gehörten, nicht aber in unsere aufgeklärte Zeit, wieder andere versuchten uns klarzumachen, daß es auf den Glauben doch gar nicht so sehr ankomme.

Was hätten Sie geantwortet?

Endergebnis: Kein einziger der Kirchentagsbesucher, die wir ansprachen, machte auch nur den leisesten Versuch, uns bei einem Anfang im Glauben zu helfen. Bekehrung schien geradezu etwas zu sein, was man noch nicht einmal seinem Hund antun würde, geschweige denn so netten Menschen wie uns!

„Um Gottes willen, ich will Sie doch nicht bekehren!"

„Um Gottes willen sollten Sie mich aber bekehren!"

Angenommen, mein Freund und ich wären bei dieser Gelegenheit zufällig auch Ihnen begegnet – was hätten Sie uns auf unsere Frage geantwortet? Auch wenn ich mich der Parole „Jeder Christ ein Evangelist" aus den bereits genannten Gründen widersetzen möchte, gehe ich doch davon aus, daß jeder Christ in der Lage sein sollte, auf eine derartige Frage eine hilfreiche Antwort zu geben.

Menschen, die die Gabe der Evangelisation haben, fällt es in der Regel sehr viel leichter, auf diese Frage zu antworten, als solchen, die – wie ich – diese Gabe nicht haben. Allerdings tut es uns allen gut, uns wenigstens einmal in unserem Leben über drei Bereiche näher Gedanken zu machen: erstens über unser Zeugnis, zweitens über eine kurze Darlegung des Evangeliums, und drittens über die Frage, wie eine Lebensübergabe ganz konkret geschehen kann.

Das Zeugnis:
Was habe ich mit Gott erlebt?

Ausnahmslos jeder Christ kann erzählen, was er selbst mit Gott erlebt hat. Sie sollten sich Zeit nehmen, einmal in wenigen Sätzen schriftlich zu formulieren, (a) wie Ihr Leben aussah, bevor Sie Christ wurden, (b) wie es zu einer Veränderung kam, und (c) was sich seitdem konkret verändert hat.

Wenn das, was Sie im Blick auf diese drei Fragen zu Papier bringen, wenig dramatisch klingen sollte, ist das durchaus kein Nachteil. Je dramatischer ein Zeugnis ist, desto interessanter mag es zwar sein, aber desto schwerer fällt es einem nichtchristlichen Gesprächspartner, sich damit zu identifizieren. Man mag dann zwar über Ihr Zeugnis staunen – aber das ist letztlich das gleiche Staunen, das wir sportlichen Höchstleistungen, gekonnten Shows oder zu Tränen rührenden Filmen entgegenbringen. Man kann sich beim besten Willen nicht vorstellen, was dies mit dem eigenen Leben zu tun haben soll. Aber genau auf diesen Bezug zum Leben des Gesprächspartners kommt es beim „Zeugnisgeben" an!

Je natürlicher und ehrlicher Ihr Zeugnis ist, desto hilfreicher wird es sein. Denken Sie bei der Formulierung vor allem daran, daß es dazu da ist, Nichtchristen gegenüber verständlich zu sein. Vermeiden Sie alle Redewendungen und Denkfiguren, an die wir uns als Christen so sehr gewöhnt haben, die aber kaum ein Außenstehender versteht.

Die Darlegung des Evangeliums:
Was hat Christus für uns getan?

Jeder Christ sollte in wenigen Sätzen die Frage beantworten können, was das Evangelium ihm bedeutet. Wer sich nicht wenigstens einmal in seinem Leben hingesetzt hat, um eine Antwort auf diese Frage zu Papier zu bringen, wird bisweilen weitschweifig über alle möglichen Details reden, dabei aber das Wesentliche leicht aus den Augen verlieren.

„Bekehrung schien geradezu etwas zu sein, was man noch nicht einmal seinem Hund antun würde, geschweige denn so netten Menschen wie uns!"

Was ist das Zentrum dessen, was Christus für uns getan hat? Auch an dieser Stelle kommt es nicht darauf an, möglichst viele biblische Begriffe zu verwenden („Sünde", „Gnade", „Golgatha"), damit das Ganze auch „geistlich" klingt. Bisweilen ist es gar nicht so einfach, derartige Worte zu vermeiden, weil sie sich in unserem Verständnis untrennbar mit der Sache, die sie ausdrücken sollen, verbunden haben. Aber auch jeder der drei eben genannten Schlüsselworte läßt sich durch andere Ausdrücke umschreiben. Versuchen Sie es einmal!

Wenn Sie das Wesentliche der Guten Nachricht zusammenfassen, dann achten Sie vor allem darauf, daß das Evangelium weder als eine zu glaubende Tatsache erscheint („Wenn du das für wahr hältst, bist du Christ") noch als Erfüllung bestimmter Moralvorstellungen („Wenn du dich nach den 10 Geboten richtest, bist du Christ"), sondern als Angebot einer persönlichen Beziehung.

Die Lebensübergabe:
Wie kann ich Gottes Liebe erfahren?

Sie sollten eine klare Antwort auf die Frage geben können, wie ein Mensch das, was ihm das Evangelium anbietet, nun auch ganz konkret empfangen kann. Unterschiedliche Gemeinden haben unterschiedliche „Riten" entwikkelt, die ein solches Übergabegebet erleichtern können. Manche integrieren dies in den Gottesdienst; andere arbeiten mit vorformulierten Gebeten, die man Satz für Satz nachsprechen kann; wieder andere bieten zu dieser Frage ganze Glaubensgrundkurse an.

Wenn ich mich an dieser Stelle relativ kurz fasse, so hat dies einen einfachen Grund. Es gibt eine Fülle von hilfreichen Materialien, die auf diese Frage – nämlich den verbalen Akt der Verkündigung des Evangeliums – eingehen. Die meisten Bücher über persönliche Evangelisation, die mir bekannt sind, haben in der Frage nach den *Inhalten* des Evangeliums sogar ihr Zentrum, wenn sie sich nicht sogar ganz darauf beschränken. Je nachdem, zu welcher Kirche bzw. Gruppierung Sie gehören, suchen Sie sich Materialien, die zu Ihrer Frömmigkeitsrichtung passen.

Der Grundkurs des Glaubens

Die nach meinem Empfinden hilfreichste Einführung in die Inhalte des christlichen Glaubens (inklusive der Frage, wie man das Ganze persönlich erleben kann), ist der Grundkurs des Glaubens von Wolfram Kopfermann, der unter dem Titel „Farbwechsel" (C & P Verlag) erschienen ist. Unzählige Christen haben gute Erfahrungen damit gemacht, daß sie das Taschenbuch an interessierte Menschen in ihrem Freundes- bzw. Bekanntenkreis weitergaben – und ihnen anboten, sich über eventuelle Fragen mit ihnen zu unterhalten. Eine solche Vorgehensweise fällt vielen Christen leichter, als selber die Inhalte des Evangeliums darstellen zu müssen. Und für manchen Nichtchristen, der sich für den Glauben interessiert, ist dieses Verfahren ganz einfach ergiebiger.

Wenn es Ihnen schwerfällt, die in diesem Kapitel beschriebenen Prinzipien selbst umzusetzen, sollten Sie nicht gerade nach Gelegenheiten *suchen*, ihren Glauben zu bezeugen, das Evangelium darzulegen und anderen Menschen bei der Lebensübergabe zu assistieren. Um so mehr sollten Sie dann jedoch darauf acht geben, daß die Mitglieder Ihrer erweiterten Familie mit anderen Christen in Kontakt kommen, durch deren Dienst sie auch mit dieser – der verbalen – Seite der Evangelisation konfrontiert werden: etwa im Gottesdienst, in speziellen evangelistischen Veranstaltungen oder aber im geselligen Kontakt mit Gemeindegliedern, denen Gott die Gabe der Evangelisation gegeben hat.

Praktische Anleitung:

- *Sie sollten im folgenden Ihre Gedanken zu den drei Bereichen „Zeugnis", „Evangelium" und „Lebensübergabe" schriftlich formulieren. Versuchen Sie, dies in Worten zu tun, die ein Außenstehender verstehen kann. Fassen Sie sich möglichst kurz. Falls Sie dennoch mehr Platz brauchen, sollten Sie ein extra Blatt nehmen.*

1. ***Ihr Zeugnis**: Wie sind Sie selbst der Liebe Gottes begegnet? Und: Was bedeutet es für Sie, Christ zu sein?*

2. ***Das Evangelium:** Was ist für Sie das Zentrum dessen, was Christus für uns getan hat?*

3. ***Lebensübergabe:** Wie wird ein Mensch Christ? Und: Wie können Sie/Ihre Gemeinde ihm dabei helfen?*

„Wer erleben möchte, wie sich der Leib Christi als Ganzer dem Missionsauftrag stellt, sollte es nicht versäumen, seine eigenen Gaben in eine christliche Gruppe einzubringen."

Schritt 7: Die Unterstützung durch andere Christen

Wie im ersten Teil bereits dargestellt, besteht die Pointe dieses Grundkurses gerade nicht darin, daß die gesamte evangelistische Verantwortung für Ihre erweiterte Familie nun auf Ihre eigenen Schultern gelegt wird – denn unter dieser Verantwortung würden Sie wahrscheinlich zusammenbrechen. Unser Ansatz ist vielmehr, daß der Leib Christi als Ganzer diese Verantwortung wahrnimmt.

Wenn diese Aussage keine bloße theologische Formel bleiben soll, muß sie praktische Konsequenzen für den Gemeindealltag haben. In den bisherigen Kapiteln ist schon an unterschiedlichen Stellen angeklungen, wie bereichernd es sich auswirken kann, wenn sich die Gaben unterschiedlicher Christen im evangelistischen Dienst ergänzen. Damit es an dieser Stelle nicht bei leeren Forderungen bleibt, empfehle ich jedem Christen, sich einer Gruppe von Gleichgesinnten, mit denen er gemeinsam den Grundkurs durcharbeitet, anzuschließen.

Der Vorteil einer Kleingruppe

Natürlich ist nichts dagegen einzuwenden, das Arbeitsbuch für sich allein durchzuarbeiten und die eine oder andere Idee in die Tat umzusetzen. Gott kann das segnen. Der eigentliche Sinn und Zweck dieses Grundkurses ist dies freilich nicht. Wer wirklich etwas davon erleben möchte, was es heißt, daß sich der Leib Christi als Ganzer dem Missionsauftrag Jesu stellt, sollte es nicht versäumen, seine eigenen Gaben in eine christliche Gruppe einzubringen.

Welche Gruppe kommt für diesen Zweck in Frage? Es kann zum Beispiel ein bestehender Haus- oder Bibelkreis sein, der sich für einen Zeitraum von drei, sechs oder zwölf Einheiten schwerpunktmäßig mit dem Thema Evangelisation beschäftigt. Es kann auch sein, daß eigens eine Gruppe gegründet wird, um den Grundkurs durchzuarbeiten. Oder es wird ein Evangelisationsteam ins Leben gerufen, das den Grundkurs als Arbeitsgrundlage nimmt (ausführlicher dazu nächstes Kapitel).

Wie auch immer die Gruppe aussehen mag: Innerhalb eines solchen Kreises besteht die Chance, daß Sie nicht nur über die hier beschriebenen Evangelisationsprinzipien nachdenken und reden, sondern daß das Ganze während der Woche gleich praktisch umgesetzt wird. So kann die Gruppe selbst erleben, was es heißt, daß sich unterschiedliche Gaben im evangelistischen Dienst ergänzen, wenn der Leib Christi gemeinsam in Aktion tritt. In solchen Gruppen können eigene Ängste, Unsicherheiten und Schwierigkeiten eingebracht werden. Positive Erlebnisse können mitgeteilt und Erfolge gemeinsam gefeiert werden. Alles dies sind Erfahrungen, die für ein kontinuierliches evangelistisches Engagement unerläßlich sind.

Zu den eigenen Grenzen stehen

Von Clemens, einem 31jährigen Maschinenschlosser, habe ich besonders eindrücklich erfahren, wie hilfreich sich eine derartige Gruppe auswirken kann. Er erzählte mir, daß es ihm relativ leicht falle, Kontakte zu Nichtchristen aufzubauen. Allerdings bekomme er regelmäßig dann, wenn es im Gespräch um den Glauben gehe, einen „knallroten Kopf".

Jahrelang hat er sich deshalb mit einem schlechten Gewissen herumgeschlagen, bis er sich entschloß, trotz aller Ängste in einer evangelistisch arbeitenden Gruppe mitzuwirken. Vielleicht, so seine Hoffnung, würde ihm dies ja helfen, seine Hemmungen zu überwinden.

Als ich Clemens kennenlernte, nahm er schon seit mehr als einem Jahr an dieser Gruppe teil – aber er kriegt immer noch einen knallroten Kopf, wenn das Gespräch auf den Glauben kommt. Trotzdem ist Clemens heute einer der glücklichsten Christen, denen ich je begegnet bin. In der Gruppe machte man ihm klar: Seine Stärke ist nun einmal, daß er Kontakte zu Außenstehenden schließen kann. Die Stärke von anderen ist es, daß sie mit Menschen über den Glauben reden können. Beides wird gebraucht – und beide Stärken können wunderbar einander ergänzen.

So vereinbarte man in der Gruppe, daß Clemens sich darauf konzentrieren sollte, Menschen, die Jesus noch nicht kennen, zu gemeindlichen Veranstaltungen mitzubringen, was ihm nicht schwerfiel. Gleichzeitig wurde organisiert, daß dort immer Christen zur Stelle sind, die auch über den Glauben Auskunft geben können. Durch diesen wunderbaren Dienst sind mittlerweile etliche Menschen neu mit dem Glauben und der Gemeinde in Kontakt gekommen. Und das, ohne daß Clemens mit einem einzigen von ihnen selbst über den Glauben gesprochen hätte!

Ohne daß es zu einer solchen Vernetzung der einzelnen Gaben kommt, kann der Leib Christi gar nicht funktionieren. Wenn jeder Christ seine Gaben für sich isoliert einsetzt, ist der Organismus Gemeinde krank. Und ein kranker Organismus ist kaum in der Lage, zu wachsen und sich selbst zu reproduzieren.

Praktische Anleitung:

- *Denken Sie noch einmal an die Person, deren Namen Sie auf Seite 62 aufgeschrieben haben. Vergegenwärtigen Sie sich dabei besonders die Angaben, die Sie auf dem Blatt „Persönliches Profil" (Seite 66) gesammelt haben. Welchem Christen, der von seinen Interessen bzw. Gaben her Ihre eigenen Bemühungen ergänzen könnte, sollte diese Person begegnen? Wie könnte ein solcher Kontakt hergestellt werden?*

- *Zu welchen Veranstaltungen, bei der diese Person anderen Christen begegnet, könnten Sie sie einladen?*

___

___

___

Teil 3

Wie Ihre Gemeinde an Ausstrahlungskraft gewinnt

12 praktische Schritte, um mit der Liebe Gottes neue Menschen zu erreichen

Evangelisation ist keine Aktion, die irgendwann begonnen wird, um nach Ablauf einer gewissen Zeit wieder abgeschlossen zu werden. Es geht vielmehr um einen Prozeß, der das Leben der Gemeinde kontinuierlich prägt. Das geschieht aber nicht von allein, sondern bedarf gezielter Bemühungen. Im folgenden habe ich zwölf praktische Schritte zusammengestellt, die christlichen Gruppen und ganzen Gemeinden dabei helfen sollen, das Schlagwort von „Evangelisation als Lebensstil" in die Praxis umzusetzen.

Führen Sie den Grundkurs in möglichst vielen Gruppen durch

Die Prinzipien dieses Grundkurses sind relativ leicht zu begreifen. Nach meinen Erfahrungen läßt sich das Wesentliche dieses Evangelisationsansatzes an einem einzigen Wochenende vermitteln. Sehr viel schwieriger ist es allerdings, die Prinzipien der „bedürfnisorientierten Evangelisation" als einen kontinuierlichen Prozeß im Gemeindealltag fest zu installieren.

Ich habe eine ganze Reihe von Gemeinden kennengelernt, in denen die Grundprinzipien der „bedürfnisorientierten Evangelisation" mit großer Euphorie verkündet wurden, aber nach weniger als einem Jahr krähte kein Hahn mehr danach. In anderen Fällen blieb nach gewisser Zeit von diesem Ansatz nur so viel übrig, daß der Pastor in Predigten die Gemeindeglieder dazu aufrief, doch ihre Kontakte zu Verwandten, Freunden und Bekannten für die persönliche Evangelisation zu nutzen. In diesen Fällen war es nicht gelungen, das Zentrum dieses Evangelisationsansatzes wirklich praktisch werden zu lassen: Evangelisation durch den Leib Christi.

Wenn der Leib Christi in Aktion tritt

Der Grundkurs Evangelisation wird in dem Maße Früchte tragen, wie es gelingt, möglichst viele Glieder des Leibes Christi in den Prozeß einzubeziehen. Der einfachste Weg, dies zu erreichen, besteht darin, den Grundkurs in möglichst vielen der bestehenden Gruppen durchzuführen. Da dieser Ansatz von Evangelisation an keine bestimmte Begabung gebunden ist, kann – und sollte auch! – jeder Christ mit den Prinzipien vertraut gemacht werden.

Verschiedene Gemeinden haben gute Erfahrungen damit gemacht, daß sie Evangelisationsteams ins Leben riefen: Gruppen, deren einzige (oder zumindest wichtigste) Funktion darin besteht, selbst zu evangelisieren und das Anliegen der Evangelisation in der Gesamtgemeinde wach zu halten. Ich halte derartige Teams für eine ausgesprochen gute Sache – allerdings nur für Menschen, denen Gott auch die Gabe der Evangelisation gegeben hat. Alle mir bekannten Versuche, anderweitig begabte Christen über einen längeren Zeitraum hinweg zur Mitarbeit in gezielt evangelistisch ausgerichteten Teams zu bewegen, sind durch die Bank gescheitert. Es ist auch verständlich, warum derartige Versuche nur scheitern können. Wem Gott nicht die Gabe der Evangelisation gegeben hat, ist ganz einfach am falschen Platz, wenn er Woche für Woche einen gezielt evangelistischen Dienst zu verrichten hat!

Die beste Dynamik ergibt sich, wenn sich möglichst viele der bestehenden gemeindlichen Gruppen für eine befristete Zeit mit dem Grundkurs beschäftigen, um dann wieder zu ihrem üblichen Programm zurückzukehren. Allerdings ist es von entscheidender Bedeutung, daß auch nach „Abschluß" des Grundkurses das „übliche" Programm auf Dauer um ein entscheidendes Element erweitert wird: regelmäßige Gespräche über die Oikos-Kontakte (siehe Seite 19), die die Christen zu Mitgliedern ihrer erweiterten Familien haben.

„Manche Gemeinden verkünden mit großer Euphorie die Prinzipien der bedürfnisorientierten Evangelisation, aber nach weniger als einem Jahr kräht kein Hahn mehr danach."

Trainingsphase und Begleitphase

Wir unterscheiden zwischen zwei Phasen, der (zeitlich befristeten) *Trainingsphase* und der (unbefristeten) *Begleitphase.*

Die eigentliche *Trainingsphase* kann relativ kurz sein. Zum Beispiel kann sich eine Gruppe entscheiden, sich ein Wochenende lang mit dem Grundkurs zu beschäftigen. Oder sie beschließt, für einen Zeitraum von sechs oder zwölf Einheiten den Kursus durchzuführen. Für diesen Zweck gibt es entsprechen-

„Nachdem wir jetzt alles wichtige zum Besuchsdienst einstudiert haben, möchte ich euch heute in ‚Natürlichkeit' schulen."

des Leitermaterial, das dem Gruppenleiter Hilfen für eine, drei, sechs oder zwölf Einheiten bietet (nähere Angaben Seite 115). Es ist auch möglich, eine derartige Trainingsphase auf der Ebene der Gesamtgemeinde durchzuführen, so daß eine Vielzahl von Gruppen zu einem entsprechenden Seminar zusammenkommen.

Diese Trainingsphase führt bei den meisten Christen zu einem „Aha"-Erlebnis. Die Erwartungen der Teilnehmer im Blick auf das, was anschließend kommen wird, sind – berechtigterweise! – sehr hoch.

Dann aber folgt der zweite und nach meiner Überzeugung noch wichtigere Teil, die sogenannte *Begleitphase*. Sie beginnt nach Abschluß der Trainingsphase und sollte bis zur Wiederkunft Jesu nicht mehr aufhören. In dieser „Phase" geht es darum, das Anliegen der Evangelisation in den einzelnen Gruppen kontinuierlich wachzuhalten und in den Lebensstil der Christen zu integrieren. Dies ist der Punkt, an dem die meisten Gemeinden versagen.

Die besten Erfahrungen haben Gemeinden gemacht, die einen „Ressortleiter" für den Bereich Evangelisation eingesetzt haben: ein ehrenamtlicher (oder auch hauptamtlicher) Mitarbeiter, dessen wichtigste Aufgabe darin besteht, diesen Prozeß wachzuhalten.

Ich gehe davon aus, daß es in so gut wie jeder Kleingruppe, in der sich Christen versammeln, möglich ist, in jeder Gruppensitzung (aber zumindest einmal im Monat) 15 Minuten für das Gespräch über die Oikos-Beziehungen der Gruppenmitglieder zu reservieren. Es wäre die Aufgabe des Ressortleiters, darauf zu achten, daß in jeder Gruppe eine Person für diesen „Oikos-Teil" verantwortlich ist.

Wann immer ich diesen Vorschlag mache, höre ich von einzelnen Christen: „Aber besteht nicht die Gefahr, daß diese Gespräche, wenn man sie so plant, regelrecht zur Routine werden?"

Meine Antwort ist die: „Sie *sollen* sogar zur Routine werden!" Genauso, wie es für viele Gruppen dazugehört, daß zu einem bestimmten Zeitpunkt der Zusammenkunft gebetet wird (wenn dieser Punkt nicht käme, würde man etwas vermissen), sollte dies nach geraumer Zeit auch für die Gesprächsrunde über die Oikos-Beziehungen gelten. Es geht hier also ganz bewußt um Gewohnheitsbildung, die nur durch Beständigkeit und Wiederholung erreicht werden kann. Je stärker dieser Oikos-Teil also zur festen „Liturgie" einer Gruppe geworden ist, desto besser.

Die drei Elemente des Oikos-Teils

Wie könnte eine solche „Liturgie" aussehen? Drei Elemente sollten in jedem Oikos-Teil enthalten sein:

„In jeder Kleingruppe sollten zumindest einmal im Monat 15 Minuten für das Gespräch über die Oikos-Beziehungen der Gruppenmitglieder reserviert werden."

Erstens: Erfahrungsaustausch. Jedes Gruppenmitglied sollte die Möglichkeit haben, über positive Erfahrungen, aber auch über Schwierigkeiten mit den Mitgliedern seiner erweiterten Familie zu reden. Dieser Teil wird von den meisten Teilnehmern als sehr hilfreich empfunden, denn sie spüren: „Ich stehe mit meiner Verantwortung für meine erweiterte Familie nicht allein. Wir versuchen vielmehr als Gruppe, die Menschen, die Gott uns anvertraut hat, zu erreichen."

Dieser Austausch ist aber auch für die Gruppe als Ganze hilfreich, da er die Blickrichtung immer wieder dorthin lenkt, wo sie nach Gottes Willen sein sollte – nämlich auf die Menschen, die noch keinen Kontakt zu Christus und zur Gemeinde haben.

Wichtig ist, daß die Teilnehmer es lernen, *ehrlich* über ihre Erfahrungen zu erzählen. Jede Art von evangelistischem Erfolgsdruck wirkt sich kontraproduktiv aus. Es macht also nichts, wenn ein Teilnehmer an dieser Stelle des Gesprächs schlicht sagt: „Ich habe seit unserem letzten Treffen die Mitglieder meiner erweiterten Familie weder gesehen noch für sie gebetet." Je ehrlicher der Austausch, desto besser sind die Voraussetzungen, den Leib-Gedanken wirklich praktisch werden zu lassen.

Zweitens: Vernetzung. Wichtig ist, daß das Gespräch nicht beim bloßen Erfahrungsaustausch stehen bleibt. Wenn der Leib-Gedanke die Praxis der Gruppe prägen soll, muß es zu einer konkreten Vernetzung der einzelnen Bemühungen kommen. Falls der Evangelisationsprozeß von der Gemeindeleitung getragen wird, sollte man nicht versäumen, die ausfindig gemachten Bedürfnisse regelmäßig an die Gemeindeleitung weiterzugeben. So werden nicht nur die Bemühungen der einzelnen Christen auf der Ebene einer Gruppe miteinander vernetzt, sondern auch die Bemühungen der unterschiedlichen Gruppen einer Gemeinde. Das kann der Gemeindeleitung dabei helfen, in der Programmplanung auf diese Bedürfnisse einzugehen.

Vielleicht berichtet ein Teilnehmer von Interessen und Bedürfnissen eines Mitglieds seiner erweiterten Familie, auf die er selber beim besten Willen nicht einzugehen in der Lage ist. Das kann ein anderes Gruppenmitglied, das selber ähnliche Interessen wie die angesprochene Person hat, motivieren, sich zu Wort zu melden. Könnte das nicht ein Anlaß sein, eine Feier oder einen Ausflug oder ein anderes geselliges Ereignis zu planen, bei dem beide Personen einander kennenlernen?

Oder: Einer erzählt über persönliche Probleme im Leben der Menschen, mit denen er zu tun hat. Das motiviert Gruppenmitglieder mit der Gabe des Gebets, über einen bestimmten Zeitraum hinweg im Gebet dafür einzustehen.

Oder: Jemand erzählt, daß sich seine Beziehungen zu einigen Mitgliedern seiner erweiterten Familie vertieft haben und er nun meint, daß es an der Zeit ist, daß diese auch ganz gezielt das Evangelium bezeugt bekommen. Das kann evangelistisch begabte Gruppenmitglieder motivieren, nach Gelegenheiten Ausschau zu halten, wo man einander begegnen kann.

Drittens: Gebetsunterstützung. Unterschiedliche Gruppen haben unterschiedliche Formen für diese Gebetszeit entwickelt. Einige schreiben die während des Erfahrungsaustausches geäußerten Gebetsanliegen auf Karten und verteilen diese unter den Gruppenmitgliedern. Jeder verpflichtet sich, bis zum nächsten Treffen täglich für diese Anliegen zu beten. In anderen Gruppen geschieht das Ganze sehr viel spontaner. Für welches Verfahren Sie sich auch immer entscheiden, wichtig ist, daß diese kontinuierliche Gebetsunterstützung nicht dem Zufall überlassen bleibt.

Nicole und die Evangelisationskerze

Noch einmal: Man sollte nicht unterschätzen, wie schnell ein Anliegen, von dem gestern noch die meisten Christen gesagt hatten „Das ist es!", schon nach relativ kurzer Zeit wieder in Vergessenheit geraten kann. Deshalb sind alle nur erdenklichen kreativen Mittel, die Aufmerksamkeit der Christen immer wieder auf die erweiterten Familien zu lenken, zu begrüßen.

Aus einer Gemeinde habe ich gehört, daß man hier eine „Evangelisationskerze" in den Gottesdienstraum gestellt hat. Wann immer ein Mensch zum Glauben gekommen ist, wird diese Kerze im nächsten Gottesdienst angezündet. Wenn niemand zum Glauben gekommen ist, bleibt die Kerze aus.

Seitdem die Evangelisationskerze in dieser Gemeinde eingeführt wurde, sind die meisten Gottesdienstbesucher natürlich schon beim Betreten des Raumes ganz gespannt: „Ob die Kerze heute wohl brennt?" Dieses einfache Hilfsmittel trägt dazu bei, die Aufmerksamkeit der Gemeinde immer wieder auf diejenigen Menschen zu richten, um deretwillen wir doch den ganzen gemeindlichen Betrieb veranstalten!

Nicole, die in ihrer Gemeinde die Evangelisationskerze einführte, sagte mir: „Wenn das Kerzenlicht mal nicht scheint, weil sich keiner bekehrt hat, dann sieht der angebrannte Docht ganz schön traurig aus. Und dann macht sich die Gemeinde Gedanken, wie sie die Kerze wieder zum Brennen bringen kann."

Den Gemeindegliedern immer wieder das Ziel, um das es geht, vor Augen führen, und das auf eine festliche und kreative Art und Weise – von solchen Ideen sollten unsere Gemeinden eigentlich überfließen!

Praktische Schritte:

- *Tragen Sie hier alle Ihnen bekannten Gruppen ein, die es in Ihrer Gemeinde gibt:*

„Je tiefer die Prinzipien der bedürfnisorientierten Evangelisation in einer Gemeinde verankert sind, desto fruchtbarer wird der Boden sein, auf den ein Evangelist seine Saat streuen kann!"

- *Kreuzen Sie nun alle Gruppen an, bei denen Sie sich vorstellen könnten, daß Sie den Grundkurs Evangelisation durchführen. Auf welche Weise könnten sie für das Anliegen gewonnen werden?*

Sorgen Sie für evange-listische „Höhe-punkte"

Der Evangelisationsansatz, der diesem Grundkurs zugrunde liegt, ist alles andere als spektakulär. Diese „Normalität" ist seine Stärke – aber zugleich auch seine Schwäche. Es ist weitaus leichter, öffentlichkeitswirksame Aktionen, auf die sich die Aufmerksamkeit der Gemeinde für eine befristete Zeit richtet, durchzuführen, als den Prozeß der „bedürfnisorientierten Evangelisation" langfristig aufrecht zu erhalten.

Punktuelle Aktionen als „Highlights"

Gerade weil das so ist, erscheint es mir sehr wichtig, den Evangelisationsprozeß, wie er in diesem Grundkurs beschrieben wird, immer wieder durch bestimmte punktuelle und bewußt öffentlichkeitswirksame Aktionen zu ergänzen. Dies sind dann gewissermaßen die „Highlights", die die Mitarbeiter motivieren, in ihren ganz alltäglichen Bemühungen um ihre „Oikos-Kontakte" nicht nachzulassen.

So problematisch bestimmte „klassische" Formen der Evangelisation *isoliert betrachtet* auch sind – innerhalb der Prozesse, wie sie in diesem Grundkurs beschrieben werden, sind sie ausgesprochen sinnvoll, ja, vielleicht sogar unverzichtbar. Egal, ob es sich um Telefonaktionen (Aktion „neu anfangen", „Neue Schritte"), Großevangelisationen, Zeltevangelisationen, Offene Abende, Grundkurse des Glaubens, Straßenaktionen oder etwas anderes handelt – alle diese evangelistischen Aktionsformen werden um so mehr Frucht tragen, je stärker sie von einer Gemeinde, in der Evangelisation zum Lebensstil geworden ist, getragen werden.

Das Dilemma dieser Evangelisationsformen ist ja in aller Regel, daß Evangelisation als Lebensstil in der Gemeinde gar nicht stattfindet. So müssen diese Aktionen den evangelistischen Dienst der Gesamtgemeinde gleichsam „ersetzen" – und dieser Versuch kann gar nicht befriedigend gelingen. Ich weiß von etlichen hauptamtlichen Evangelisten, die sich von den Gemeinden geradezu „mißbraucht" fühlen – weil von ihnen etwas erwartet wird, was eigentlich Aufgabe der Gemeinde wäre. Je tiefer allerdings die Prinzipien der bedürfnisorientierten Evangelisation im Alltag einer Gemeinde verankert sind, desto fruchtbarer wird auch der Boden sein, auf den der hauptamtliche Evangelist seine Saat streuen kann!

Leise und laute Töne

Zugespitzte evangelistische Aktionen sind aus zweierlei Gründen wichtig: Erstens helfen sie, die Kräfte und Energien der Mitarbeiter immer wieder auf das zentrale Anliegen, um dessentwillen Gemeinde da ist, zu konzentrieren. Und zweitens sind derartige Veranstaltungen nötig, damit Christen, die sich am Prozeß der Oikos-Evangelisation beteiligen, Orte finden, wohin sie Mitglieder ihrer erweiterten Familie einladen können.

Der Ansatz der Oikos-Evangelisation präsentiert das Evangelium ganz bewußt auf recht leise – manche werden sagen: zu leise – Art und Weise. Gerade deshalb ist es wichtig, dieses sanfte, prozeßhafte Geschehen immer wieder durch ganz zugespitzte, konfrontierende, vor klare Entscheidungen stellende – wenn wir so wollen: laute – Evangelisationsformen zu ergänzen.

Für etliche Mitglieder Ihrer erweiterten Familie kann genau eine derartige Präsentation des Evangeliums zum Anlaß werden, eine Entscheidung für Jesus wirklich „fest" zu machen.

Praktische Schritte:

- *Welche Aktionen der Art, wie sie in diesem Kapitel beschrieben sind, fanden in Ihrer Gemeinde während der letzten zwölf Monate statt?*

- *Welche zusätzlichen Aktionen würden Sie als hilfreich empfinden?*

Machen Sie die 10 Prozent „Evangelisten" ausfindig

Wenn ich in einer Gemeinde ein Evangelisationsseminar durchführe, dann sorge ich dafür, daß alle Gruppenmitglieder entweder schon im Vorfeld der Veranstaltung oder ganz zu Beginn des Seminars mit Hilfe unseres Gabentests ihre geistlichen Gaben entdecken. Auf der Grundlage dieser Erkenntnisse macht dann das weitere Nachdenken über den evangelistischen Dienst erst richtig Spaß!

Mir gibt dieses Verfahren die wunderbare Gelegenheit, ganz konkret zu sehen, wie Gott in der entsprechenden Gemeinde seine Gaben verteilt hat, und zu verstehen, wie er folglich seinen Leib in dieser spezifischen Situation haben möchte.

Wie leibhaftige Evangelisten aussehen

Wie wir bereits im ersten Teil gesehen haben, kann davon ausgegangen werden, daß etwa 10 Prozent aller Christen die Gabe der Evangelisation haben. Wenn ich selber ein Evangelisationsseminar halte, zähle ich am Anfang immer die Teilnehmer durch, teile die ermittelte Zahl durch zehn und sage: „Ihr habt es an diesem Wochenende mit einem Seminarreferenten zu tun, dem Gott *nicht* die Gabe der Evangelisation gegeben hat. Das ist für unser Wochenende aber kein Nachteil. Ich weiß, daß in diesem Raum 15 (oder 6 oder 12) Evangelisten sitzen, die mich im Laufe des Seminars ergänzen werden."

„Es ist e i n e Sache, von der 10-Prozent-Hypothese zu hören; es ist aber etwas ganz anderes, diese 10 Prozent Evangelisten nun auch leibhaftig vor sich zu sehen!"

Während des Seminars bitte ich dann diejenigen Teilnehmer, bei denen der Gabentest die Gabe der Evangelisation ans Tageslicht gebracht hat, aufzustehen. Ich habe dabei noch in keinem einzigen Fall erlebt, daß sich weniger als 10 Prozent der Teilnehmer erhoben.

Beim ersten Seminar, bei dem ich dieses Verfahren anwandte, war ich noch ziemlich unsicher und nervös, weil ich nicht wußte, ob überhaupt jemand aufstehen würde. Beim zweiten Mal dämmerte es mir schon, daß ich mir die Nervosität auch schenken kann. Und seit dem dritten Mal rechne ich so selbstverständlich mit diesen 10 Prozent Evangelisten, wie Billy Graham damit rechnet, daß nach einer evangelistischen Ansprache zahlreiche Zuhörer aufstehen, um ihre Entscheidung für Christus öffentlich zu dokumentieren.

In jedem Evangelisationsseminar bitte ich diejenigen, denen Gott die Gabe der Evangelisation gegeben hat, nach vorne zu kommen. Mir ist dieser Seminarteil sehr wichtig, denn hier kann sich zeigen, ob und inwieweit das, was ich vorher mehr theoretisch gelehrt habe, sich auch im Kontext der konkreten gemeindlichen Situation bewährt. Es ist *eine* Sache, von der 10-Prozent-Hypothese zu hören; es ist aber etwas ganz anderes, diese 10 Prozent Evangelisten nun auch leibhaftig vor sich zu sehen!

Wenn die evangelistisch begabten Gemeindeglieder vorne stehen, sage ich den Teilnehmern: „Wollt ihr wissen, wie leibhaftige Evangelisten aussehen? Dann schaut nach vorne!" Und wen sehen sie da vorne? Keinen Billy Graham, keinen Bill Bright – sondern Florian, Beate, Bernd, Dirk, Herbert, Monika, Ilse und Mustafa. In der Regel hat keiner dieser Menschen jemals in einem Stadion gepredigt (die meisten von ihnen haben in ihrem Leben noch nicht ein einziges Mal gepredigt!), so gut wie keiner von ihnen ist ein christlicher „Vollzeitler", es handelt sich keineswegs um rhetorisch besonders begabte oder theologisch gebildete Menschen (obwohl auch sie darunter sind), sondern es sind einfach Menschen – wie du und ich.

Das evangelistische Potential der 10 Prozent

So, und dann haben wir also die 10 Prozent Evangelisten vor uns stehen. Was tun wir mit ihnen?

Wenn sie vor *mir* stehen, tue ich folgendes. Ich versuche ihnen zunächst klar zu machen, was für ein ungeheures evangelistisches Potential Gott in sie hineingelegt hat. Wiederum ist es *eine* Sache, der Gruppe vorzurechnen, was geschehen kann, wenn jedes evangelistisch begabte Gemeindeglied pro Jahr nur zwei Menschen zum Glauben führte – die Größe der Gemeinde würde sich, wie wir gesehen haben, allein durch deren Engagement innerhalb von vier Jahren verdoppeln. Es ist aber etwas völlig anderes, nun diesen 10 Prozent persönlich zuzusprechen: „Wenn jeder von euch bis Oktober nächsten Jahres zwei Menschen neu in die Gemeinde bringt, und sich dieser Prozeß weiter fortsetzt, dann sitzen nach vier Jahren nicht mehr 150 Menschen zum Gottesdienst in diesem Raum, sondern 300!"

Manche Christen begegnen derartigen Rechnungen mit Skepsis. Meine Argumentation erinnert sie zu sehr an das Strickmuster: „Wenn nur jeder von uns einen Menschen pro Jahr zum Glauben führt, und diejenigen, die wir zum Glauben geführt haben, daß Gleiche tun, dann ist innerhalb von 33 Jahren die ganze Welt erreicht!" (was rein rechnerisch richtig ist). Solche Sätze kann man sagen – aber sie haben noch nie etwas bewegt. Jahr für Jahr vergeht, und die Zahl der Christen in der Gemeinde wird vielleicht sogar immer kleiner – ganz zu schweigen davon, daß die „ganze Welt" erreicht würde.

Nur: Ich sage ja nicht „Wenn jeder von uns . . .", sondern ich sage: „Wenn jeder von denen, denen Gott die Gabe der Evangelisation gegeben hat . . ." Zwei Menschen pro Jahr für Christus zu gewinnen – wenn man dies als Zielangabe für jeden Christen verstünde (und es gibt Gruppen, die solchen Unfug tun), dann wäre das in der Tat absolut unrealistisch. Für Leute mit der

Gabe der Evangelisation – vorausgesetzt natürlich, sie setzen ihre Gabe auch ein – sind zwei Menschen pro Jahr allerdings nicht sonderlich viel.

Ich überprüfe diese These in jeder Situation neu, indem ich einige derjenigen, denen Gott die Gabe der Evangelisation gegeben hat, vor den Augen und Ohren der Seminarteilnehmer interviewe. Ich frage sie: „Kannst du dir vorstellen, innerhalb der nächsten zwölf Monate zwei Menschen zu einem Anfang im Glauben zu verhelfen?" Darauf erhalte ich in der Regel Antworten wie diese: „Kein Problem." – „Ja, möglicherweise." – „Ich könnte mir sogar vorstellen, viel mehr Menschen zu erreichen." – „Absolut kein Problem." – „Ich müßte noch einmal darüber nachdenken, aber denke schon, daß das realistisch ist." – „Ich glaube, daß Gott genau das von mir will." – So reden Menschen, die die Gabe der Evangelisation haben!

Dann mache ich die Gegenprobe und stelle die gleiche Frage einigen der 90 Prozent, die nicht vorne stehen, weil Gott ihnen nicht die Gabe der Evangelisation gegeben hat. „Kannst du dir vorstellen, innerhalb der nächsten zwölf Monate zwei Menschen zu einem Anfang im Glauben zu verhelfen?" Antworten wie diese sind typisch: „Möglicherweise ja", sagt der erste. Der zweite: „Auf keinen Fall." Der dritte: „Nie und nimmer." Der vierte: „Vielleicht." Der fünfte: „Hör auf, uns solchen Druck zu machen!" Der sechste: „Lieber nicht."

Was ist nun davon zu halten, daß die Antworten auf diese Frage so unterschiedlich ausfallen? Sind die 10 Prozent, die vorne stehen, „geistlicher", „reifer" oder „hingegebener" als die 90 Prozent, die noch auf ihren Stühlen sitzen? Unsinn! Die einen haben halt die Gabe der Evangelisation, die anderen nicht. Es ist völlig normal, daß diejenigen, die Gott für die Evangelisation begabt und folglich auch berufen hat, sich sehr viel eher vorstellen können, Menschen zu einem Anfang im Glauben zu verhelfen.

Eine Predigt für die Evangelisten

Anschließend halte ich den 10 Prozent Evangelisten eine kurze „Predigt", bei der die anderen Seminarteilnehmer gerne mithören dürfen. Darin mache ich ihnen zunächst klar, daß auf ihnen eine ganz besondere Berufung liegt. Wenn sie in den nächsten Wochen daran gehen, das Evangelium zu bezeugen, können sie damit rechnen, daß der Heilige Geist selbst durch sie reden wird. Das ist ja das eigentlich Befreiende, wenn wir unseren Gaben gemäß tätig werden: Wir können erwarten, daß es wirklich *Gott* ist, der uns als Werkzeug benutzt.

Dann fordere ich diese Menschen in Gottes Namen zu vier Dingen auf:

Erstens sollen sie sich innerhalb der nächsten Wochen und Monate ganz gezielt auf zwei Menschen konzentrieren, für sie beten, mit ihnen über den Glauben reden und sie in die Gemeinde einladen. Wie gesagt: Menschen mit der Gabe der Evangelisation empfinden einen solchen Auftrag keineswegs als „bedrohlich". Sie haben nicht den Eindruck, daß ich mit solchen „Forderungen" Druck auf sie ausübe. Sie freuen sich in aller Regel sogar darüber, weil dieser Auftrag mit dem, was sie selbst tief im Herzen empfinden, übereinstimmt. Würde ich dagegen diesen Teil der Predigt allen Seminarteilnehmern halten, wäre der Massenfrust vorprogrammiert.

„Es sollte Kennzeichen eines Evangelisten sein, daß er nicht nur Menschen zum Glauben führt, sondern auch weitere Evangelisten hervorbringt."

Zweitens bitte ich die Evangelisten, sehr sorgfältig zu prüfen, ob sie nicht aus anderen gemeindlichen Aufgaben aussteigen müssen, um genügend Zeit zu bekommen, die Gabe der Evangelisation auch einzusetzen. Nach meinen bisherigen Erfahrungen ist für mehr als zwei Drittel aller evangelistisch begabten Gemeindeglieder ein solcher Ausstieg tatsächlich das Gebot der Stunde. Die gemeindlichen Aufgaben, die sie bis heute wahrnehmen, blockieren sie, die Gabe der Evangelisation zu praktizieren.

Drittens fordere ich die Evangelisten auf, innerhalb des nächsten Jahres ein weiteres Gemeindeglied, in dem sie evangelistisches Potential sehen, für den evangelistischen Dienst auszubilden. Da ich selber an das Jüngerschaftsprinzip glaube, gehe ich davon aus: Es sollte Kennzeichen eines Evangelisten sein, daß er nicht nur Menschen zum Glauben führt, sondern weitere Evangelisten hervorbringt; ebenso, wie es Kennzeichen eines Leiters sein sollte, nicht nur andere zu leiten, sondern weitere Leiter hervorzubringen, etc.

Viertens bitte ich die vor mir stehenden Evangelisten herzlich darum, nicht das zu betreiben, was wir als „Gabenprojektion" bezeichnet haben. Sie sollen andere Christen zum evangelistischen Dienst ermutigen, ihnen aber kein schlechtes Gewissen machen. Jeder Christ, der bei sich eine bestimmte Gabe entdeckt, ist mit dieser Gabe in der Minderheit. Es gibt in jeder Gemeinde *mehr* Christen, die eine bestimmte Gabe nicht haben, als solche, die sie haben. Dieses Prinzip läßt sich im Kontext eines solchen Seminars sehr plastisch illustrieren: Nur etwa 10 Prozent der versammelten Christen stehen ja vorne, die meisten sitzen auf ihren Plätzen. Das ist nicht *leider Gottes* so, sondern *Gott sei dank!* Es entspricht dem Plan, wie Gott Gaben verteilt hat.

Gebet für die Evangelisten

Im Anschluß an diese „Minipredigt" bitte ich die Gesamtgruppe, für ihre Evangelisten zu beten. In einigen Fällen habe ich diejenigen Christen, denen Gott die Gabe des Gebets gegeben hat, aufgefordert, zu diesem Dienst nach vorne zu kommen. In anderen Fällen habe ich selbst laut ein Gebet gesprochen und die Gruppe gebeten, mich im Stillen zu unterstützen. In wieder anderen Fällen hat der Pastor gemeinsam mit einigen Gemeindeleitern gebetet. Für welches Verfahren man sich auch immer entscheidet, es scheint mir wichtig zu sein, daß die Gesamtgemeinde mit ihren Gebeten Teil des evangelistischen Dienstes ihrer 10 Prozent Evangelisten wird.

Es gibt im geistlichen Leben ebenso wie im Gemeindeaufbau Dinge, die von ihrem Wesen her kompliziert sind. Themen wie „Das rechte Bibelverständnis", „In der Liebe wachsen", „Konflikte bewältigen" und andere gehören dazu. In allen diesen Fällen handelt es sich um eine relativ komplexe und komplizierte Materie.

Es gibt aber auch Dinge, die von ihrem Wesen her relativ einfach sind. Zu dieser Kategorie – das möchte ich im Unterschied zu dem, was die meisten vermuten, betonen – gehört das Herausfinden der 10 Prozent Evangelisten. Keine Gruppe oder Gemeinde, die diese 10 Prozent nicht kennt, sollte sich damit herausreden, es sei zu schwierig oder gar unmöglich, dieser Gruppe von Menschen auf die Spur zu kommen.

Praktische Schritte:

- *Ist in Ihrer Gemeinde/Gruppe bekannt, wer die 10 Prozent sind, die die Gabe der Evangelisation haben? Wenn ja, schreiben Sie hier deren Namen auf. Wenn nicht, nennen Sie mögliche Gründe, warum das bisher noch nicht geschehen ist. Vor allem: Was könnte in Ihrer Situation konkret getan werden, um den „Evangelisten" auf die Spur zu kommen? Besprechen Sie Ihre Gedanken mit verantwortlichen Leitern in Ihrer Gemeinde.*

Stellen Sie alle Gaben stärker in den evangelistischen Dienst

Was ist nun mit den 90 Prozent, denen Gott *nicht* die Gabe der Evangelisation gegeben hat? Ihre Aufgabe kann es ja wohl nicht sein, dabei zuzuschauen, wie sich die 10 Prozent abstrampeln! Ihre Aufgabe ist es vielmehr, die Gaben, die Gott ihnen gegeben hat, stärker als bisher in den evangelistischen Dienst (und möglicherweise auch in den Dienst der Evangelisten) zu stellen.

Die Evangelisten unterstützen

In dem begrenzten Zeitraum eines Wochenendseminars versuche ich diesem Sachverhalt dadurch Rechnung zu tragen, daß ich möglichst viele geistliche Gaben durchgehe (die Liste, mit der wir in unserem Institut arbeiten, umfaßt insgesamt 30 Gaben), und jeweils diejenigen Christen, die die entsprechende Gabe bei sich entdeckt haben, darum bitte, sich zu erheben.

Dann frage ich einige von ihnen, ob ihnen Wege in den Sinn kommen, wie sie ihre Gabe stärker in den evangelistischen Dienst stellen könnten, und bitte die ganze Gruppe, bei diesem Prozeß des Nachdenkens mitzuwirken. Dabei erlebe ich relativ häufig, daß die vorher ausfindig gemachten Evangelisten eine Fülle von Möglichkeiten wissen, wie ihr eigener Dienst durch anders begabte Christen ergänzt werden könnte (zum Beispiel durch die Gabe des Gebets oder der Seelsorge oder der Barmherzigkeit oder der Heilung oder der Geisterunterscheidung).

„Gott ist schon deshalb ein wunderbarer Organisator, weil er den besten Überblick hat!"

Anhand der Gabe des Lehrens mache ich der Gruppe klar, wie ich persönlich versuche, dieses Prinzip umzusetzen: Nicht, indem ich selber evangelisiere, sondern indem ich meine Gabe – nämlich Lehren – ganz gezielt in den evangelistischen Dienst verschiedener Gemeinden stelle. Ich lehre also nicht über alles mögliche, sondern konzentriere mich bewußt auf die von uns ausfindig gemachten Prinzipien der Evangelisation. Ähnliches gilt für jede andere Gabe auch.

Nach meinen Erfahrungen tun sich die meisten Christen beim Nachdenken über diese Frage anfangs etwas schwer. Hat die Gruppe jedoch erst einmal ein paar Ideen gesammelt, dann kommt irgendwann der Zeitpunkt, an dem gleichsam der „Damm bricht" und die Ideen nur so strömen.

Wie der ganze Leib in Aktion treten kann

Eine Gruppe ging zum Beispiel daran, die evangelistisch orientierten Frühstückstreffen, die es in der Gemeinde seit geraumer Zeit gab, neu zu durchdenken. Dabei wurde den Teilnehmern selber klar, daß im Rahmen dieser Treffen eine Fülle von geistlichen Gaben zum Einsatz kommen können und auch sollten. Christen mit der Gabe der Gastfreundschaft schmücken den Raum und sorgen dafür, daß eine warmherzige Atmosphäre entsteht. Christen mit den Gaben des Dienens und des Helfens werden benötigt. Auch für die Gabe der Seelsorge gibt es bei solchen Gelegenheiten eine Fülle von Einsatzmöglichkeiten. Die Gabe der Organisation wird gebraucht, die Gabe des Gebets, die Gabe des Gebens – und natürlich die Gabe der Evangelisation. Die Gruppe beschloß, von nun an während der Treffen an jeden Tisch einen Christen mit der Gabe der Evangelisation zu setzen.

Für mich war dieses konkrete Beispiel eine wunderbare Illustration dafür, wie der Leib Christi als Ganzer in Aktion treten kann. Das eigentliche Geheimnis dieses Ansatzes scheint mir darin zu liegen, daß es sich hier nicht um ein von Menschen ausgedachtes „Programm" handelt. Indem wir unsere gottgeschenkten Gaben einsetzen, folgen wir automatisch dem Plan, den Gott für uns als einzelne und für die Gemeinde als Ganze hat.

Deshalb ist es nicht verwunderlich, daß dieses „Organisations-Prinzip" am Ende auch die größte Frucht trägt. Gott ist schon deshalb ein wunderbarer Organisator, weil er den besten Überblick hat!

Praktische Schritte:

● *Wie könnten Sie selbst Ihre Gaben stärker als bisher in den evangelistischen Dienst stellen? Tragen Sie in die linke Spalte drei der Gaben ein, die Sie bei sich entdeckt haben (siehe Seite 57). Dann stellen Sie sich bei jeder Gabe die Frage: Wie könnte sie dazu beitragen, daß die Gute Nachricht verbreitet wird?*

Name der Gabe	Möglichkeiten, sie stärker in den evangelistischen Dienst zu stellen
1. ________	________
	________
2. ________	________
	________
3. ________	________
	________

Machen Sie Ihre „potentielle Gemeinde" ausfindig

Viele Gemeindeglieder, die an Evangelisationsseminaren teilnehmen, stöhnen: „Wie können wir nur an die Menschen da draußen auf der Straße herankommen?" Wann immer ich solche Klagen höre, sage ich: „Am Ende unseres Seminars werden wir mehr Namen von Menschen ‚da draußen auf der Straße' haben, an die wir längst herangekommen sind, als unsere Gemeinde derzeit überhaupt aufzunehmen in der Lage ist."

Manche halten diese Aussage für eine der üblichen Übertreibungen, an die man sich bereits gewöhnt hat und die man folglich nicht sonderlich ernst nimmt. Aber ich habe noch keine Situation erlebt, wo sich diese Ankündigung bis zum Ende des Seminars nicht auch tatsächlich bewahrheitet hätte!

Wie groß ist die potentielle Gemeinde?

Wie kommen wir an die Namen dieser Menschen heran? Auch das gehört zu den Aspekten des Gemeindeaufbaus, die keineswegs besonders schwierig sind. Jeder Seminarteilnehmer füllt das Arbeitsblatt „Meine erweiterte Familie", wie wir es bereits im zweiten Teil dieses Grundkurses kennengelernt haben (Seite 59), aus. Darin trägt er alle Personen ein, zu denen er bereits intensive Kontakte hat, die aber noch keine Beziehung zu Jesus haben. Bei einzelnen Gemeindegliedern bleibt das Blatt leer (weil sie keinerlei solcher Kontakte haben), andere kommen bei dieser Übung auf 20 oder mehr Namen. Im Durchschnitt hat am Ende jeder etwa 8 bis 10 Namen auf seiner Liste.

Die Gesamtgröße der erweiterten Familien der einzelnen Gemeindeglieder ist nun das, was wir als „potentielle Gemeinde" bezeichnen. Wie groß ist die potentielle Gemeinde? Da wir davon ausgehen können, daß sich etliche der auf den einzelnen Arbeitsblättern aufgeschriebenen Namen überlappen, ist realistisch damit zu rechnen, daß die potentielle Gemeinde etwa sechs mal so groß ist wie die Zahl der derzeit vorhandenen Christen.

Wenn sich in Ihrer Gemeinde also 100 Menschen versammeln, wird Ihre potentielle Gemeinde etwa 600 Menschen umfassen. Kommen in Ihrer Gemeinde 500 Christen zusammen, so beträgt die Größe der potentiellen Gemeinde 3 000 Menschen. Sind Sie in einer Gruppe, in der sich 10 Christen versammeln, so hat die potentielle Gemeinde eine Größe von etwa 60 Personen. Ganz gleich, von welcher Größenordnung man also ausgeht – im Vergleich zu den vorhandenen Christen ist die Zahl der Außenstehenden, zu denen bereits intensive Kontakte bestehen, in jedem Fall größer, als man überhaupt bewältigen kann. Ausnahmslos jede Gemeinde, in der ich bislang ein Evangelisationsseminar durchführte, war erstaunt, auf wie viele Namen von Außenstehenden, zu denen Gott bereits eine menschliche „Brücke" geschenkt hat, man in so kurzer Zeit kommen kann.

„Wir müssen etwas dafür tun, daß überall dort, wo in der Gemeinde gebetet und geplant und geredet und gefeiert wird, die potentielle Gemeinde, wenn auch nur symbolhaft, mit dabei ist."

Der Riesen-Briefumschlag als Symbol

In der Regel bitte ich die Teilnehmer, ein Duplikat ihres Arbeitsblattes abzugeben. Dann werden die Namen der ausfindig gemachten Personen kurz gezählt (wie groß ist unsere potentielle Gemeinde wirklich?), und anschließend stecke ich alle Blätter in einen überdimensionalen Briefumschlag.

Den Briefumschlag halte ich hoch und sage der Gruppe: „In diesem Umschlag befinden sich die Namen von 600 (oder 3 000 oder 60) Personen. Denjenigen von euch, denen solche Zahlen wenig bedeuten, möchte ich sagen, daß hinter jeder Zahl ein Mensch steckt. Über jeden dieser Menschen wissen wir eine ganze Menge. Wir wissen erstens, daß Gott ihn unendlich liebt (obwohl diese Aussage natürlich auch für alle anderen Menschen in der weiten Welt gilt!). Wir wissen zweitens (und das gilt nicht für alle Menschen), daß wir, die wir hier sitzen, diese Person in ganz besonderer Weise lieben. Wir sehnen uns wahrscheinlich danach, daß gerade sie Christus kennenlernen und damit Gottes Liebe begegnen. Und drittens wissen wir über diese Menschen, daß sie aller Voraussicht nach besser auf das Evangelium ansprechbar sind als der durchschnittliche Zeitgenosse da draußen auf der Straße. Woher wir das wissen? Nun, wo immer Menschen das Evangelium über die Brücke von bereits bestehenden Beziehungen zu Christen bezeugt bekommen, sind sie in der Regel interessierter, als wenn sie es als religiöse Darbietung eines ihnen völlig fremden Menschen hören."

Dann sage ich: „Dieser Briefumschlag ist für uns ein Symbol. Er soll uns in den nächsten Monaten immer wieder an unsere potentielle Gemeinde erinnern – an ihre Fragen, an ihre Nöte, an ihre Bedürfnisse. Er soll uns vor allem daran erinnern, für diese Menschen fortwährend zu beten, vor allem auch dafür, daß sie eines Tages Christus selbst begegnen."

Daraufhin schließe ich den Umschlag, überreiche ihn dem Pastor oder einem anderen leitenden Mitarbeiter und beauftrage diese Person, den Umschlag an einer Stelle aufzuhängen, wo er die symbolträchtigste Wirkung hat. Einige Gemeinden haben den Umschlag im Gottesdienstraum aufgehängt, direkt unter dem Kreuz. Andere haben sich entschieden, ihn in einem speziellen Gebetsraum zu plazieren. Eine weitere Gemeinde entschied sich, ihn im Sitzungszimmer des Gemeindevorstandes aufzuhängen.

Der Teil der „Welt", für den wir verantwortlich sind

Um nicht falsch verstanden zu werden: Niemand muß so einen Briefumschlag verwenden, um die Aufmerksamkeit der Gemeindeglieder auf die potentielle Gemeinde zu lenken. Vielleicht haben Sie ganz andere Ideen. Allerdings scheint es mir wichtig zu sein, ganz konkret etwas dafür zu tun, daß überall dort, wo in der Gemeinde gebetet und geplant und organisiert und geredet und gefeiert wird, die potentielle Gemeinde, wenn auch nur symbolhaft, mit dabei ist.

Viele Gemeinden beschwören zwar stereotyp, daß ihre Arbeit keinem anderem als „der Welt" diene. Nun ist „die Welt" so groß, daß sie zumindest mein Vorstellungsvermögen übersteigt. Wer die ganze Welt umarmen möchte, umarmt am Ende niemanden mehr. Statt mit derartigen Floskeln zu operieren, scheint es mir hilfreicher zu sein, sich auf einen relativ kleinen, aber konkret benennbaren und vor allem auch gut erreichbaren Teil dieser „Welt" zu konzentrieren.

Wenn wir den erreicht haben, können wir den Rest der Welt ja immer noch gewinnen!

Praktische Schritte:

● *Wie stark ist das derzeitige Angebot Ihrer Gemeinde auf die potentielle Gemeinde abgestellt? Sie können das auf folgende Weise relativ leicht ausfindig machen. Tragen Sie hier alle gemeindlichen Programme, Gruppen, Sitzungen etc. ein, die es Ihres Wissens innerhalb der letzten sechs Monate gegeben hat. Fragen Sie gegebenenfalls andere Gemeindeglieder, um Ihre Informationen zu vervollständigen. Führen Sie regelmäßige Angebote (z.B. 10-Uhr-Gottesdienst) nur einmal auf. In einem zweiten Schritt fragen Sie sich: Handelt es sich hier um Angebote, die auf die spezifischen Fragen und Interessen von Mitgliedern Ihrer erweiterten Familie eingehen? Kreuzen Sie in diesem Fall die Spalte A an. Oder handelt es sich um ein Angebot, das primär für Christen von Interesse ist? Dann machen Sie Ihr Kreuz in der Spalte B. Prüfen Sie am Ende, auf wie viele As und Bs Sie gekommen sind.*

	A	B
______	○	○
______	○	○
______	○	○
______	○	○
______	○	○
______	○	○
______	○	○
______	○	○
______	○	○
______	○	○
______	○	○
______	○	○
______	○	○
______	○	○
______	○	○
______	○	○
______	○	○
______	○	○
______	○	○

»Oft haben Christen nicht die geringste Ahnung, was Menschen, die ohne Christus leben, wirklich bewegt und interessiert.«

Erheben Sie die Bedürfnisse der „potentiellen Gemeinde"

Die meisten Christen leben in der Illusion, sie würden die Bedürfnisse ihrer potentiellen Gemeinde schon ganz gut kennen. Sie ahnen gar nicht, wie sehr sie mit dieser Einschätzung in aller Regel daneben liegen. Oft haben Christen nicht die geringste Ahnung, was Menschen, die ohne Christus leben, wirklich bewegt und interessiert.

Bei meinen ersten Evangelisationsseminaren führte ich Gruppenarbeiten durch, in denen ich die Teilnehmer bat, auf einem Arbeitsblatt in der linken Spalte die Bedürfnisse der Mitglieder ihrer potentiellen Gemeinde zu sammeln, um daraufhin in die rechte Spalte gemeindliche Angebote einzutragen, die zu den identifizierten Bedürfnissen passen.

Das Ergebnis dieser Übung war in der Regel nicht sehr befriedigend. Am Ende standen in der linken Spalte keineswegs die wirklichen Bedürfnisse der potentiellen Gemeinde, sondern das, was wir Christen glauben, daß ihre Bedürfnisse sind (oder sein sollten): „Die Bibel besser verstehen", „Gott kennenlernen", „Gemeinschaft finden", etc. Nur ganz vereinzelt fand ich in dieser Spalte Stichworte wie „Abnehmen", „Mein Stottern bewältigen", „eine größere Wohnung", „Hunger auf Schokolade", etc.

Die größte Falle: Alles wird vergeistigt!

Wir sollten uns davor hüten, alle Bedürfnisse gleich vergeistigen zu wollen – ein Lieblingssport von Christen, die den Kontakt zur Welt verloren haben. Menschliche Bedürfnisse erscheinen uns bisweilen als recht banal – aber gerade um diese „banalen" Dinge geht es beim Ansatz der bedürfnisorientierten Evangelisation.

In einer Gruppe, in der wir gemeinsam über diese Frage nachdachten, äußerte eine Frau, sehr viele Menschen in ihrem Bekanntenkreis hätten offensichtlich das Bedürfnis nach einer „guten Figur".

Eine andere Teilnehmerin unterbrach sie sogleich und sagte relativ empört, daß das zwar stimmen möge, aber nun wirklich nichts mit dem Auftrag von Gemeinde Jesu Christi zu tun habe. Sie merkte gar nicht, daß sie genau in die Falle getappt war, die ich eben beschrieben habe. Die „gute Figur" war ihr einfach zu banal!

Ich forderte die Gruppe auf, Bedürfnisse dieser Art einmal, wenn auch zunächst nur spielerisch, zum Ansatzpunkt gemeindlicher Planung zu machen. Was könnte die Gemeinde tun, um auf derartige Bedürfnisse einzugehen?

Eine Teilnehmerin meinte: „Warum sollten wir bei uns im Gemeindehaus nicht Schlankheitsgymnastik anbieten? Da könnten doch Christen dran teilnehmen, aber auch Menschen, die Christus noch nicht kennen."

Ein anderer führte den Gedanken weiter: „Oder Kochkurse – ja, warum sollten wir nicht einen Kurs anbieten, in dem wir den Teilnehmern Prinzipien einer fettarmen aber nährstoffreichen Ernährung beibringen. Ich wäre jedenfalls sofort dabei."

Eine weitere Teilnehmerin, der man schon an ihren barocken Ausmaßen ansah, daß sie sehr gerne und keineswegs fettarm ißt, meldete sich zu Wort. „Also, von diesen neumodischen Diäten halte ich gar nichts, da könnte ich in meinem Bekanntenkreis keinen für gewinnen", sagte sie. „Wie wäre es mit guter deutscher Hausmannskost? Die Leute wollen doch was anständiges im

Magen haben." Und sie bot sich gleich an, einen solchen Kurs zu leiten, was ihr, vom gabenorientierten Ansatz her, auch durchaus zuzutrauen war!

Es entbrannte ein recht heftiger Streit, wer nun recht hatte, der Verfechter der fettarmen Diät oder die Repräsentantin der guten deutschen Hausmannskost. Ich versuchte, die Auseinandersetzung wieder auf unser Thema zurückzuführen: „Warum sollte nicht ein halbes Jahr lang ein Kurs über gute deutsche Hausmannskost angeboten werden? Die Teilnehmer, die hier gemästet werden, können sich ja dann anschließend zum Kursus über fettarme Ernährung oder auch Schlankheitsgymnastik anmelden. So haben wir die Gelegenheit, ein weiteres Halbjahr auf ihre neu entstandenen Bedürfnisse einzugehen!"

Mein Vorschlag war keineswegs als Witz gemeint, obwohl es etliche so verstanden. Auf die Vielfalt unterschiedlicher menschlicher Bedürfnisse mit einer Vielfalt unterschiedlicher gemeindlicher Angebote zu reagieren, das war für die meisten Teilnehmer ein relativ neuer Gedanke.

Ich spürte, daß manche in der Gruppe diesen Teil des Gesprächs als „allzu trivial" empfanden. Ein älterer Bruder blätterte etwas verstört in seiner Bibel herum, offensichtlich um zu prüfen, was das Wort Gottes zu Schlankheitsgymnastik und deutscher Hausmannskost sagt. Ein anderer regte – mitten auf dem Höhepunkt des Gesprächs – eine Gebetszeit an.

Nun bin ich wirklich sehr für Bibelstudium und Gebet, aber wenn geistliche Übungen zum Mittel werden, das – zugegebenermaßen recht „banale" – Gespräch über die Bedürfnisse von Nichtchristen abzuwürgen, werde ich allergisch. Ich sage ja gar nicht, daß wir am Ende wirklich Schlankheitsgruppen und Kochkurse mit unterschiedlichem Fettgehalt anbieten müssen – aber von derartigen Ideen müßten zunächst einmal mindestens 100 auf den Tisch. Dann können wir ja immer noch die drei besten aussuchen und im Gebet und im Hören auf Gottes Wort prüfen, ob sie angemessen sind oder nicht!

Die Informationen weiterleiten

Im zweiten Teil dieses Grundkurses haben wir bereits ein Formblatt kennengelernt, mit dessen Hilfe wir damit beginnen können, die Menschen in unseren erweiterten Familien besser kennenzulernen (siehe Seite 66). Dort ist auch Raum, die ausfindig gemachten Bedürfnisse einzutragen. Es ist wichtig, daß die Informationen, die am Ende auf diesem Formblatt stehen, nicht in den Schubladen der einzelnen Christen liegen bleiben. Wie soll die Gemeindeleitung wissen, wie ihre potentielle Gemeinde aussieht und was sie bewegt, solange sie diese Informationen nicht hat?

„Ich sage ja gar nicht, daß wir Schlankheitsgruppen und Kochkurse mit unterschiedlichem Fettgehalt anbieten müssen – aber von derartigen Ideen müßten zunächst einmal mindestens 100 auf den Tisch."

Deshalb müssen die Einzelinformationen für die gesamte Gruppe – und, wenn möglich, für die ganze Gemeinde – zusammengefaßt werden. Aus einer solchen Übersicht lassen sich dann relativ leicht bestimmte „Trends" erkennen, die die potentielle Gemeinde prägen. Die Aufgabe der Gesamtgruppe bzw. Gesamtgemeinde wäre dann, in ihren Diensten, Veranstaltungen und sonstigen Angeboten diese Trends zu berücksichtigen.

Praktische Schritte:

● *Bei der folgenden Aufgabe sind Sie darauf angewiesen, daß mindestens Ihre Gruppe – bestenfalls natürlich die ganze Gemeinde – mitmacht. Wenn jeder Christ (a) seine erweiterte Familie ausfindig gemacht hat und (b) für jedes Mitglied seiner erweiterten Familie das Formblatt „Persönliches Profil" ausgefüllt hat, ist es relativ einfach, das Bedürfnisprofil der potentiellen Gemeinde zu erheben. Dies ist sowohl auf der Ebene einzelner Gruppen als auch auf der Ebene der Gesamtgemeinde sinnvoll. Die Ergebnisse, die dabei ans Tageslicht kommen, sind natürlich in erster Linie für die Leiter der Gemeinde von Interesse, gehören aber gleichzeitig in die Hand jedes engagierten Christen. Tragen Sie deshalb auf Seite 96 ein, was bei dieser Erhebung herauskam.*

Schaffen Sie bedürfnisorientierte Angebote

Nicht zu jedem Bedürfnis, das Sie in Ihrer potentiellen Gemeinde ausfindig gemacht haben, kann auch jede Gruppe konkrete Angebote machen. Inwieweit Sie auf bestimmte Bedürfnisse einzugehen in der Lage sind, hängt nicht zuletzt von den vorhandenen Gaben der Christen ab. Indem wir uns fragen, wie wir mit unseren Gaben besser als bisher auf die Bedürfnisse unserer potentiellen Gemeinde eingehen können, wird unser kreatives Nachdenken weg von uns selbst gelenkt – und hin zu den Menschen, die mit Gottes Liebe erst noch erreicht werden sollen!

Natürlich muß jede Gemeinde auch auf die Bedürfnisse derjenigen eingehen, die bereits Christen sind. Man kann nicht einen Menschen durch bedürfnisorientierte evangelistische Angebote zu einem Anfang im Glauben verhelfen, um ihn anschließend mit seinen Problemen im Regen stehen zu lassen. Auch Christen haben Bedürfnisse. Verletzungen wollen geheilt, Ehen gekittet, Herzen getröstet, Mitarbeiter motiviert, Einsame besucht werden. Alles das ist nicht nur legitim, sondern macht das Wesen einer gesunden Gemeinde aus.

Ich werde nur skeptisch, wenn so gut wie alle vorhandenen Gaben durch Dienste absorbiert werden, die nach innen gerichtet sind. Das entspricht ganz sicher nicht Gottes Plan. Sein Herz schlägt für die Verlorenen!

Nichtchristen klagen ihre Bedürfnisse nicht ein

Die Schwierigkeit ist nun folgende: Während die vorhandenen Christen schon die Befriedigung ihrer Bedürfnisse einklagen werden, gilt dies für die Nichtchristen (die potentielle Gemeinde) nicht.

Wenn sich ein Mitarbeiter von seinem Pastor nicht genügend betreut fühlt, wird er ihm das, hoffentlich, auch sagen. Probleme wie diese füllen sehr schnell die Tagesordnung aller möglichen gemeindlichen Gremien. Wenn jedoch ein Nichtchrist in der Nachbarschaft mit dem Evangelium nicht erreicht wird, weil sich schlicht niemand für seine Bedürfnisse interessiert, wird dieser keineswegs eine diesbezügliche Beschwerde bei der Gemeindeleitung einreichen: „Ich klage Sie an, daß Sie mir das ewige Leben vorenthalten." Wie schön wäre es für unsere gemeindlichen Gremien und Gruppen, wenn wir von *solchen* Anfragen und Anklagen nur so überrollt würden!

Das Profil unserer potentiellen Gemeinde

Anleitung: Tragen Sie in die einzelnen Spalten jeweils die Zahl der Mitglieder Ihrer potentiellen Gemeinde ein, auf die das jeweilige Kennzeichen zutrifft. Die Namen der Menschen spielen in diesem Zusammenhang keine Rolle. Denken Sie daran, daß das Profil Ihrer potentiellen Gemeinde sich ständig ändert. Deshalb sollten Sie diese Untersuchung immer wieder, mindestens aber einmal jährlich, durchführen.

Gesamtzahl der Menschen in unserer potentiellen Gemeinde: ________

Datum der letzten Erhebung: ________

Familienstand:

Alleinstehend: ______

Verheiratet: ______

Verwitwet: ______

Unverheiratet zusammenlebend: ______

Getrennt lebend: ______

Geschieden: ______

Kinder

Personen, die Kinder daheim haben: ______

Personen, deren Kinder außer Haus sind: ______

Personen ohne Kinder: ______

Alter

Unter 10	11-15	16-21	22-29	30-39	40-49	50-59	60-69	Über 70

Häufiger vorkommende Bedürfnisse/Probleme:

____

____

____

____

____

____

Häufiger vorkommende Interessen/Hobbies:

____

____

____

____

____

„Können Sie mal einen Moment auf mein Kind aufpassen?"

„Tut mir leid, mein Herr, wir sind auf Erlösung spezialisiert."

Da aber die Fragen und Bedürfnisse von Nichtchristen nicht von ihnen selbst auf unsere Tagesordnung gesetzt werden können, muß es Christen geben, die dies stellvertretend für sie tun.

Unkonventionelle Ideen sind gefragt!

Nachdem wir die Bedürfnissen von Mitgliedern unserer potentiellen Gemeinde erhoben haben, ist es – in einem zweiten Schritt – sinnvoll, über vorhandene oder zukünftige gemeindliche Angebote nachzudenken, die auf diese Bedürfnisse eingehen. Wann immer wir in Seminaren über diese Frage nachdenken – und die „Hausaufgabe", das heißt die Befragung der potentiellen Gemeinde selbst bereits erledigt ist –, kommen Christen auf die interessantesten Ideen.

In einer Gruppe dachte man zum Beispiel über Möglichkeiten nach, wie Christen und Nichtchristen besser als bisher miteinander in Kontakt kommen könnten. Eine Teilnehmerin schlug vor, gemeinsame Hobbys dafür zu nutzen. Könnten sich nicht zwei Computerfreaks bereiterklären, in den Schulferien einen Einführungskurs für Jugendliche anzubieten?

Oder sollten nicht Gruppenmitglieder einen Italienisch-Sprachkurs besuchen und dabei offen für Kontakte mit anderen Kursteilnehmern sein?

Oder könnten nicht einige Gemeindeglieder ein Inserat aufgeben, um für einen „Englisch-Conversations-Club" für Sprachinteressierte, die ihre Fremdsprache auch praktizieren wollen, zu werben?

Ideen wie diese werden gebraucht, wenn das Prinzip der bedürfnisorientierten Evangelisation wirklich praktisch werden soll!

„Staubsauger"-Evangelisation

Von einer Gemeinde in Basel hörte ich von einer interessanten Aktion. Unter dem Stichwort „Nachbarschaftshilfe" trommelte dort der Gemeindeleiter 20 Mitarbeiter zusammen, die sich bereit erklärten, ein bis zwei Abende in der Woche zu investieren, um den Menschen in ihrer Nachbarschaft – statt Traktate – sogenannte „Staubsauger-Einsätze" zu schenken.

„Das Wort Staubsauger steht dabei für kleine Hilfen im Haushalt – Fensterputzen, Ofen heruntertragen usw.", erklärte Ralf, der Initiator der bedürfnisorientierten Aktion. „Das war genau die Marktlücke bei uns im Ort. Den Mitarbeitern wurde während des Einsatzes verboten, den Kunden bekehren zu wollen."

Das Resultat: Innerhalb des ersten Jahres erhielt die Gemeinde über 600 Anrufe von Menschen, die solche Dienste anforderten. Selbst das Fernsehen interessierte sich für die „Staubsauger-Evangelisten"! Daß im Laufe der folgenden Monate trotz des Bekehrungsverbotes doch zahlreiche Menschen zum Glauben fanden, erscheint mir bei so viel Kreativität nicht mehr erstaunlich zu sein.

Praktische Schritte:

- *Was sind die vorherrschenden Bedürfnisse bzw. Interessen in Ihrer potentiellen Gemeinde, und auf welche Weise könnte Ihre Gruppe bzw. Gemeinde darauf eingehen? Tragen Sie in die linke Spalte einige der Bedürfnisse ein, die in Ihrer potentiellen Gemeinde besonders häufig ans Tageslicht getreten sind (siehe Formblatt Seite 96). Dann überlegen Sie, welche (bestehenden oder noch zu schaffenden) gemeindlichen Angebote dazu passen. Tragen Sie diese in die rechte Spalte ein.*

Bedürfnisse/Interessen in unserer potentiellen Gemeinde	**Mögliche gemeindliche Angebote**

„Diejenigen, die heute engagierte Gemeindeglieder sind, haben das Evangelium auf durchschnittlich 5,8 verschiedene Weisen bezeugt bekommen, bevor sie sich zu Christus bekannten."

Entwickeln Sie kreative Evangelisationsformen

Die kreativen Evangelisationsformen, um die es in diesem Kapitel gehen soll, sind zwar von den bedürfnisorientierten Angeboten nicht zu trennen, aber dennoch sind die Akzente unterschiedlich.

Bei den bedürfnisorientierten Angeboten stehen tatsächlich die Bedürfnisse und deren Befriedigung im Vordergrund – dies kann, muß aber nicht mit einer verbalen Bezeugung des Evangeliums verbunden werden. Mit kreativen Evangelisationsformen meine ich dagegen Aktionen, in denen die Bezeugung des Evangeliums das Zentrum darstellt. Natürlich sollte auch bei ihnen darauf geachtet werden, daß sie nicht an den Bedürfnissen der Zielgruppe vorbeigehen!

Mut zur Kreativität!

Im Blick auf Evangelisation sind viele Christen erschreckend unkreativ. Sie verbinden mit diesem Stichwort ein bestimmtes Klischee eines ganz spezifischen Veranstaltungstyps, und versuchen, ihre Arbeit an diesem Klischee zu orientieren. Je mehr sich die eigenen Bemühungen mit diesem Klischee dekken, als desto „evangelistischer" werden sie empfunden. Man meint, dieses Imitieren von bekannten Formen (ganz gleich, ob sie effektiv sein mögen oder nicht) dem Evangelium selber schuldig zu sein.

Als Prototyp für derartige Klischees hat sich in den Köpfen vieler Christen die „Zeltevangelisation" festgesetzt. Ein Chor singt bestimmte Glaubenslieder, deren Melodien und Stil dem eigentlichen Zielpublikum (nämlich Nichtchristen) fremd sind; daraufhin liest jemand die „Losung" und den „Lehrtext" für den entsprechenden Tag (wobei kein Nichtchrist weiß, was diese sonderbaren Worte bedeuten sollen); es wird ein Gebet gesprochen, in dem gebetet wird, der Geist Gottes möge die Lippen des Predigers salben, auf daß die Botschaft der Gnade vollmächtig erschalle; darauf folgt eine Predigt; und anschließend wird Raum gegeben, sich persönlich für Christus zu entscheiden.

Ich behaupte nun nicht, daß dieser Veranstaltungstyp an sich falsch wäre (ich kenne unzählige Christen, die genau durch diese Form von Evangelisation zum Glauben gekommen sind!). Problematisch wird es nur, wenn dieses Modell als das einzige (oder zumindest eigentliche) Bild von Evangelisation unser Nachdenken bestimmt und folglich blockiert. Es gibt eine Fülle von unterschiedlichen Formen, die Gute Nachricht weiterzusagen, und diese Fülle sollte auch die evangelistischen Angebote der Gemeinde prägen. In diesem Konzert hat dann auch der oben genannte Veranstaltungstyp seinen Platz. Er wird solche Leute ansprechen, die gerade diejenigen Elemente, die ihnen sonderbar fremd erscheinen, als besonders anziehend empfinden!

Warum unterschiedliche Formen wichtig sind

Tatsächlich haben die meisten Menschen, die schließlich aktive Christen geworden sind, das Evangelium aus mehr als nur einer Quelle gehört, bevor sie ihre Entscheidung für Christus trafen. Eine Studie hat gezeigt, daß diejenigen, die heute engagierte Gemeindeglieder sind, das Evangelium auf durchschnittlich 5,8 verschiedene Weisen bezeugt bekommen haben, bevor sie sich zu Christus bekannten. Diese relativ hohe Zahl steht in schroffem Gegensatz zu der geringen Zahl von Darlegungen des Evangeliums, die von Menschen gehört wurden, die zwar eine Entscheidung für Christus trafen, aber bald schon wieder die Gemeinde verließen. Im Durchschnitt haben diese Menschen nur 1,9 mal eine zum Glauben einladende Darlegung des Evangeliums gehört, bevor sie sich entschieden.

„Wir möchten Sie einladen zu verkrampften Gesprächen in steifer Atmosphäre."

Natürlich müssen Sie jetzt nicht jedes Mitglied Ihrer erweiterten Familie daraufhin überprüfen, ob die entsprechende Person schon auf 5,8 verschiedene Weisen das Evangelium gehört hat! Es reicht, wenn wir uns merken, daß eine Vielfalt von unterschiedlichen Darlegungen innerhalb des Bekehrungsprozesses wichtig ist. Um bloße „Entscheidungen" für Christus zu erzielen, mag eine einmalige Darlegung des Evangeliums genügen. Liegt uns indessen daran, Menschen auch langfristig zu einem Leben als Jünger Jesu zu verhelfen, so ist schon im Bekehrungsprozeß auf eine Vielfalt von unterschiedlichen Darlegungen zu achten. Auf diese Weise reifen Entscheidungen, die begründet sind und auch langfristig zu tragen vermögen.

Genau das ist mit dem Begriff „kreative Evangelisationsformen" gemeint. Nicht jede Form von Evangelisation spricht jeden Nichtchristen an. Während die eben beschriebene Zeltevangelisation bestimmten Menschen sehr gefällt und ihr Interesse weckt, erscheint sie anderen schon von ihrer Form her als geradezu abstoßend. Das gleiche gilt für jede Form von Evangelisation – den einen spricht sie an, den anderen nicht.

Die Parkuhr-Evangelisation

Was halten Sie zum Beispiel von der Parkuhr-Evangelisation? Das Ganze funktioniert folgendermaßen: Gemeindeglieder halten in der Innenstadt Ausschau nach Autos, die vor abgelaufenen Parkuhren stehen. Dann werfen sie das fehlende Geld (etwa 20 Pfennig oder auch 2 Mark) nach und heften einen fotokopierten Zettel an die Windschutzscheibe, der den bekannten „Knöllchen" auf den ersten Blick zum Verwechseln ähnlich sieht.

Darauf steht etwa folgender Text: „Ihre Parkuhr war abgelaufen, und da wir wissen, wie unangenehm und bisweilen auch teuer so etwas werden kann, haben wir uns die Freiheit genommen, die fehlenden Münzen nachzuwerfen. Uns hat das nicht viel gekostet, und Ihnen hat das sicherlich Unannehmlichkeiten erspart. Wenn Sie Spaß haben, die Leute, die sich solche Aktionen ausdenken, kennenzulernen, dann können Sie uns gerne besuchen: Wir veranstalten in der nächsten Woche jeden Abend ab 20.00 Uhr im Kulturzentrum eine ‚Mitmach-Feier'. Da versammeln sich viele fröhliche Christen, Parksünder und auch ganz andere Sünder. Können wir mit Ihnen rechnen? Wir würden uns riesig freuen. P.S. Haben Sie keine Angst: Das Geld für die Parkuhr haben wir Ihnen geschenkt, das wollen wir nicht wieder zurück."

Ich persönlich finde diese Form von kreativer Evangelisation herrlich – weiß allerdings von anderen, die solche Aktionen als ausgesprochen „anbiedernd" und „abstoßend" empfinden. So ist das eben mit evangelistischen Aktionsformen: Gerade weil es nicht die *eine* Form gibt, die alle anspricht, brauchen wir möglichst viele unterschiedliche Angebote.

„Ich bin eine Sehenswürdigkeit"

„Gerade weil es nicht die e i n e Evangelisationsform gibt, die alle anspricht, brauchen wir möglichst viele unterschiedliche Angebote."

Wenn Sie daran gehen, kreative Formen von Evangelisation zu entwickeln, sollten Sie sorgfältig zwischen zwei Gattungen unterscheiden. Zum einen solche Formen, bei denen man *nicht* die Gabe der Evangelisation braucht. Die eben beschriebene „Parkuhr-Evangelisation" gehört in diese Kategorie (das mag einer der Gründe sein, warum ich an dieser Aktion so viel Freude habe!). Andererseits gibt es Formen, bei denen man dringend auf diese Gabe angewiesen ist. Dazu gehören zum Beispiel die Aktionen, mit denen der Musiker, Schallplattenhändler und Lebenskünstler Arno Backhaus von sich reden macht.

Ich bin noch keinem Menschen begegnet, der im Blick auf persönliche Evangelisation derartig viele kreative Ideen gesammelt hat, wie Arno. Als ich ihn besuchte, um von ihm praktische Tips zu bekommen, gab er mir eine Liste mit über 50 bereits erprobten Aktionsformen in die Hand, wobei eine origineller ist als die andere.

Zum Beispiel stellt sich Arno mit einem Schild in die Fußgängerzone, auf dem in großen Lettern steht: „Ich bin eine Sehenswürdigkeit". Wo immer er sich mit diesem Schild auch postiert, schon nach kurzer Zeit bleiben die ersten stehen, mustern die merkwürdige Sehenswürdigkeit von Kopf bis Fuß und fragen: „Ich kenne Sie gar nicht. Muß man Sie eigentlich kennen?"

Darauf Arno: „Nein, nicht unbedingt. Aber ich kenne Sie auch nicht. Wußten Sie, daß Sie auch eine Sehenswürdigkeit sind?"

Meistens sind die Passanten nach dieser Aussage noch verwirrter als zuvor und fragen: „Wieso?"

Arno: „Normalerweise sind wir gewohnt, nur die Großen zu sehen. Die Kleinen – Kinder, Alte, Pflegebedürftige, Asylanten – werden oft übersehen. Aber eigentlich ist jeder Mensch eine Sehenswürdigkeit. Er ist des Sehens würdig. Gott übersieht keinen von uns."

Mit solchen Aktionen möchte Arno die Menschen ein wenig verwirren – und neugierig machen. Es kann auch sein, daß er auf das Schild schreibt „Ich bin Gott" – und schon kurze Zeit später versammeln sich, wie kürzlich in Karlsruhe geschehen, mehr als 200 Menschen um ihn herum: zum Teil protestierend, zum Teil schimpfend, zum Teil einfach neugierig. Und Arno hat die wunderbare Gelegenheit, auf die Fragen der Leute einzugehen und ihnen zu erzählen, was ihm als Christ wichtig ist.

Praktische Schritte:

- *Denken Sie über Möglichkeiten nach, das Evangelium auf ungewohnte Art und Weise zu verbreiten. Unterscheiden Sie bei Ihren Vorschlägen zwischen Aktionen, die die Gabe der Evangelisation erfordern, und solchen, bei denen diese Gabe nicht benötigt wird. Wenn Sie zu einer christlichen Gruppe gehören: Nehmen Sie sich vor, einige dieser Aktionen bei nächster Gelegenheit selber durchzuführen. Tauschen Sie sich hinterher über Ihre Erfahrungen aus.*

Rechnen Sie mit Widerstand

Das folgende Kapitel würde ich am liebsten auslassen, weil es auf etliche Christen ziemlich entmutigend wirken kann. Allerdings würde ich es nicht für redlich halten, diese Dinge einfach zu verschweigen.

Wo immer sich Christen auf den Weg machen, wirklich kreative, bedürfnisorientierte und gabenorientierte Formen von Evangelisation zu entwickeln, müssen sie damit rechnen, daß sich entschiedener Widerstand formiert. Von wem kommt dieser Widerstand? Von New-Age-Gruppen etwa? Von der Kommunistischen Partei? Von der Vereinigung der Atheisten?

Wohl kaum. Der größte Widerstand wird mit Sicherheit aus einer ganz anderen Richtung kommen, nämlich aus dem Zentrum der Gemeinde selbst. Alteingesessene Christen, das ist die Erfahrung von unzähligen Gruppen, sind die ersten, die gegen diesen Ansatz von Evangelisation mobil machen.

Der „Freund des Anglers" und sein Terror

Im ersten Teil des Grundkurses haben wir bereits anhand des Bildes vom Fischfang von dem „Freund des Anglers" gehört, der vom Angler verlangt, daß dieser einen Köder wählt, der ihm, dem „Freund des Anglers", schmeckt (siehe Seite 24). Seine Bedürfnisse, sein Geschmack, sein Stilempfinden werden zum Kriterium dessen, welche Formen wir wählen, um Menschen für Jesus zu gewinnen. Von diesem „Freund des Anglers" (der ja in Wahrheit dessen größter Feind ist) soll in diesem Kapitel die Rede sein.

Ich will ganz bewußt an einem relativ harmlosen Beispiel illustrieren, um was es hier geht. Von einer Zeltevangelisation, die vor etlichen Jahren stattfand, hörte ich, daß der Vorbereitungskreis sich sehr viele Gedanken darüber gemacht hatte, wie man die Veranstaltung atmosphärisch liebevoll und warmherzig gestalten könnte. Man entschloß sich schließlich, die Liederbücher, aus denen während der Evangelisation gesungen werden sollte, nicht – wie gewohnt – auf die einzelnen Sitzplätze zu legen, sondern sie am Eingang jedem Besucher persönlich in die Hand zu drücken, um das Ganze mit einer freundlichen Begrüßung zu verbinden. Diese Aktion ist nun wahrlich keine besonders revolutionäre Idee, scheint mir aber immerhin in die richtige Richtung zu weisen.

Revolutionär war diese Idee indessen in den Augen des „Zeltmeisters", der an diesem Abend die Verantwortung trug. Er bestand darauf, daß die Liederbücher, die die Mitarbeiter gerade von den Stühlen zum Eingang transportiert hatten, wieder zurück vom Eingang auf die Stühle transportiert wurden. Alle Argumente des Vorbereitungskreises richteten nichts aus. Der Zeltmeister bestand schlicht auf seinem Argument: „Das war schon immer so." Wer wollte dem auch widersprechen?

„Wenn es um Formen der Evangelisation geht, dann ist der Geschmack, das Stil- und Formempfinden der Christen völlig belanglos."

Ich gehe davon aus, daß es dieser Bruder Zeltmeister mit seiner Reaktion von Herzen gut meinte. Er wollte die heilige Institution eines Veranstaltungsrahmens, dessen Segen er unzählige Male erlebt hatte, nicht durch irgendwelche revolutionären Neuerungen in Frage stellen. Allerdings merkte er dabei gar nicht, daß er sich in dieser Situation als das entpuppte, was wir in unserem Bild vom Fischfang als den „Freund des Anglers" bezeichnet haben: *Sein* Stilempfinden, *sein* (nun nicht gerade durch Flexibilität gekennzeichnetes) Denkschema, *sein* Geschmack, *seine* Gewohnheiten wurden zum Maßstab für die Wahl des „Köders".

Wie wir reagieren sollten

Wie sollten wir mit derartigem Widerstand umgehen? Ich schlage zwei Schritte vor.

Schritt 1: Wir bemühen uns, die Menschen, von denen solcher Widerstand kommt, zunächst einmal zu verstehen. Sie sind in aller Regel so sehr an bestimmte Formen gewöhnt, daß sie sich schlechterdings nicht vorstellen können, daß auch andere Wege „evangeliumsgemäß" sind. Da in ihrem Denken alles Ungewohnte als bedrohlich empfunden wird, glauben sie, daß durch neue Wege auch die Substanz des Evangeliums bedroht wird. Ihr manchmal überaus vehementer Widerstand gegen kreative Evangelisationsformen ist in vielen Fällen so zu verstehen, daß es ihnen zutiefst um die Verteidigung des Evangeliums geht. Sie haben entweder den bedürfnisorientierten Ansatz nicht verstanden oder lehnen ihn rundum ab oder aber projizieren ihre eigenen Bedürfnisse, ohne es freilich zu merken, auf die nichtchristliche Zielgruppe.

Schritt 2: Wenn wir die *Menschen*, die solchen Widerstand äußern, verstanden haben, sollten wir uns um den *Widerstand selbst* allerdings nicht mehr kümmern! Es wäre ethisch nicht vertretbar, aus Konfliktscheu gegenüber traditionalistisch geprägten Christen darauf zu verzichten, die Gute Nachricht auf kreative und zeitgemäße Art und Weise weiterzusagen.

Natürlich sage ich nicht, daß wir uns generell um die Meinungen und Ansichten anderer Christen einen feuchten Kehricht kümmern sollten. Eine solche Anschauung könnte sich nicht auf die Bibel berufen. Wenn es allerdings um Formen der Evangelisation geht, dann ist der Geschmack, das Stil- und Formempfinden der Christen völlig belanglos. Wer immer sich von einem derartigen Widerstand tyrannisieren läßt, macht sich mit schuldig daran, wenn wir Christen auch noch in den nächsten Jahrzehnten in einem kleinen und von kaum jemandem beachteten Ghetto leben sollten!

Die zitierten „Freunde des Anglers", das muß zu ihrer Entlastung gesagt werden, wissen es in aller Regel nicht besser. Das macht ihre Reaktion zwar nicht richtiger, aber doch zumindest verständlich und auch verzeihbar. Wer es aber selber besser weiß und das als richtig Erkannte aus bloßer Angst vor Widerstand nicht tut, legt ein Verhalten an den Tag, das zwar auch verständlich, aber nicht mehr verzeihbar ist.

Praktische Schritte:

- *Haben Sie in Ihrer eigenen Gemeinde schon Widerstand von der Art, wie er in diesem Kapitel beschrieben wird, erlebt? Haben Sie sich möglicherweise selber ein wenig in dem beschriebenen „Freund des Anglers" entdeckt? Schreiben Sie Ihre Erfahrungen hier auf, und machen Sie diese Frage zum Gesprächsthema in Ihrer Gruppe.*

Helfen Sie neugewonnenen Christen bei der Integration

Wir haben bereits im ersten Teil gesehen, daß die Evangelisation auf halber Strecke stehen geblieben ist, solange ein neugewonnener Christ nicht aktives Glied der Gemeinde wird. Viele Gemeindeglieder meinen, daß neue Christen schon von sich aus nach einem Platz in der Gemeinde suchen und ihn dann auch in irgendeiner Gruppe finden werden.

Das aber ist nur in den seltensten Fällen richtig. Es ist manchmal erstaunlich schwierig für einen Neuen, seinen Platz zu finden. Die meisten bestehenden Gruppen stellen sich keineswegs so dar, daß sie automatisch einen Außenstehenden integrieren. Das Ergebnis: Eine enorm hohe Rückfallrate von Menschen, die gerade erst zum Glauben gekommen sind.

Was eine Gemeinde konkret tun kann

Die überwältigende Mehrzahl neugewonnener Christen beginnt ihr Glaubensleben mit hohen Erwartungen. Sie möchten im Glauben wachsen und aktiv am Gemeindeleben teilnehmen. Sie möchten lernen, Erfahrungen sammeln und innerhalb der Gemeinde neue Beziehungen aufbauen. Wenn trotzdem der größte Teil von ihnen – wie wir gesehen haben, bis zu 97 Prozent! – nie zu engagierten Gemeindegliedern werden, dann liegt das Problem in der Regel weniger bei ihnen („Sie haben die Welt wieder lieb gewonnen!" lautet eine bequeme christliche Ausrede), sondern vielmehr bei uns. Deshalb muß die Gemeinde auf die Integration neuer Christen acht geben, besonders während der kritischen ersten Monate.

Wie aber können wir erreichen, daß neue Christen in das Leben der Gemeinde so integriert werden, daß sie ein Zugehörigkeitsgefühl entwickeln und aktiv am gemeindlichen Leben teilnehmen? Verschiedene Gemeinden haben mit folgenden Maßnahmen gute Erfahrungen gemacht:

- Manche haben in jedem Kreis einen Teilnehmer beauftragt, der für die Eingliederung neuer Christen verantwortlich ist. Diese Person sorgt dafür, daß neue Mitglieder mit den anderen Gruppenmitgliedern bekannt gemacht werden und daß die Gruppe ihnen gegenüber offen und warmherzig ist.

- Als hilfreich haben es einige Gemeinden empfunden, die Ergebnisse vorangegangener Bemühungen um die Integration neuer Christen zu analysieren. Was ist mit denjenigen Menschen, die während der letzten zwei Jahre zum Glauben kamen? In welche Gruppe sind sie integriert? Haben sie neue Freunde in der Gemeinde gefunden? Haben sie eine Aufgabe, die zu ihren Gaben paßt? Wie viele sind noch aktive Gemeindeglieder, und wie viele haben der Gemeinde wieder den Rücken gekehrt?

- Als eine besonders ergiebige Quelle, um etwas über die Stärken und Schwächen einer Gemeinde zu lernen, hat sich herausgestellt, Menschen zu befragen, die einmal zum Glauben gekommen sind, sich aber nun nicht mehr in der Gemeinde sehen lassen. Was war der Grund für diese Entwicklung? Die Lektionen, die wir bei solchen Gesprächen lernen können, sind wertvoll, weil sie dabei helfen, die selben Fehler in Zukunft zu vermeiden.

„Untersuchungen zeigen, daß Christen, die auch langfristig in der Gemeinde bleiben, im Durchschnitt sieben freundschaftliche Kontakte zu anderen Gemeindegliedern aufgebaut haben."

Die 9 Kennzeichen eines integrierten Gemeindegliedes

Der amerikanische Gemeindeaufbau-Forscher Dr. Win Arn, der über sein Institut Hunderte von Gemeinden analysieren konnte, hat neun Kennzeichen eines integrierten Gemeindegliedes ausfindig gemacht, die nach seiner Überzeugung für jede Gemeinde gelten.

● Kennzeichen 1: Ein integriertes Gemeindeglied identifiziert sich mit den Zielen der Gemeinde. Voraussetzung dazu ist freilich, daß die Gemeinde klare geistliche Ziele hat, die sie dem Neubekehrten vermitteln kann. Jedem Neuen sollte klargemacht werden, was er selbst zur Erreichung dieser Ziele beitragen kann.

● Kennzeichen 2: Ein integriertes Gemeindeglied besucht regelmäßig den Gottesdienst. Ein neuer Christ, der nicht regelmäßig am gottesdienstlichen Leben der Gemeinde teilnimmt, verpaßt eine entscheidende Zeit des gemeinsamen und persönlichen Wachstums in Gottes Wort.

● Kennzeichen 3: Ein integriertes Gemeindeglied erlebt fortlaufendes geistliches Wachstum. Wenn es nicht ständigen Fortschritt in der Nachfolge Jesu gibt, setzt Stagnation und letztlich Frustration ein. Deshalb sollte die Gruppe/Gemeinde konkrete Hilfen zum persönlichen Wachstum im Glauben geben.

● Kennzeichen 4: Ein integriertes Gemeindeglied hat ein sichtbares Zeichen der Aufnahme in die Gemeinde abgelegt. Für die meisten Gemeinden in der ganzen Welt ist dieses „sichtbare Zeichen" die Taufe. Gemeinden, in denen die Säuglingstaufe praktiziert wird, haben eine Fülle von anderen Wegen gefunden, um die Entscheidung für Christus zu einem bewußt öffentlichen Ereignis werden zu lassen (Segnung, öffentliches Zeugnis etc.).

● Kennzeichen 5: Ein integriertes Gemeindeglied hat neue Freunde in der Gemeinde. Untersuchungen zeigen, daß Christen, die auch langfristig in der Gemeinde bleiben, im Durchschnitt sieben (!) freundschaftliche Kontakte zu anderen Gemeindegliedern aufgebaut haben.

● Kennzeichen 6: Ein integriertes Gemeindeglied hat eine Aufgabe, die seinen geistlichen Gaben entspricht. Jeder neubekehrte Christ sollte innerhalb der ersten 4-9 Monate nach seiner Bekehrung seine geistlichen Gaben entdecken. Dann ist es Aufgabe der Gruppe/Gemeinde, ihm zu einer Aufgabe zu verhelfen, die diesen Gaben entspricht.

● Kennzeichen 7: Ein integriertes Gemeindeglied ist in eine Kleingruppe eingegliedert. Eines der schönsten Erlebnisse, die ein Christ machen kann, ist die liebende Gemeinschaft einer kleinen Gruppe. Hier kann er sich mit seinen Stärken und Schwächen einbringen und erleben, wie seine eigenen Schwächen durch die Gaben der anderen ausgeglichen werden.

● Kennzeichen 8: Ein integriertes Gemeindeglied gibt regelmäßig einen Teil seines Einkommens. Die Verantwortung eines Christen gegenüber seiner Gemeinde drückt sich auch finanziell aus. Solange ein Christ nicht bereit ist, seinen „Zehnten" zu geben, ist in den meisten Fällen davon auszugehen, daß er sich noch nicht voll mit der Gemeinde identifiziert.

● Kennzeichen 9: Ein integriertes Gemeindeglied versucht, andere Menschen mit der Guten Nachricht zu erreichen. Ein Jünger Jesu ist ein Mensch, der aktiv an der Verbreitung der Guten Nachricht beteiligt ist. Diese Verantwortung sollte er zunächst gegenüber Mitgliedern seiner erweiterten Familie wahrnehmen. Viele sind so begeistert von der neuen Erfahrung des Glaubens, daß sie von sich aus darauf drängen, anderen Menschen etwas davon mitzuteilen. Dieser natürliche Wunsch, anderen die Gute Nachricht weiterzusagen, sollte von der Gemeinde unterstützt werden.

Je mehr dieser neun Kennzeichen sich im Leben eines Christen zeigen, desto stärker ist sein Grad der Integration in die Gemeinde, und desto geringer ist die Wahrscheinlichkeit, daß er irgendwann Jesus und der Gemeinde wieder den Rücken kehrt.

Praktische Schritte:

- *Im folgenden finden Sie eine Checkliste, in der die oben genannten Kennzeichen eines integrierten Gemeindegliedes aufgeführt sind. Gehen Sie diese Checkliste unter zwei Fragen durch: „Wie viele dieser Kennzeichen treffen auf mich selber zu?" Kreuzen Sie diese in der Spalte A an. Denken Sie zweitens an einen Menschen, der innerhalb der letzten zwölf Monate in Ihrer Gemeinde zum Glauben kam, und fragen Sie sich: „Wie viele Kennzeichen treffen bereits auf ihn zu?" Kreuzen Sie diese in der Spalte B an.*

A	B		A	B	
○	○	1. Identifikation mit Gemeindezielen	○	○	6. Aufgabe, die zu Gaben paßt
○	○	2. Regelmäßiger Gottesdienstbesuch	○	○	7. Eingliederung in eine Kleingruppe
○	○	3. Fortlaufendes geistliches Wachstum	○	○	8. Finanzielle Beteiligung
○	○	4. Sichtbares Zeichen der Aufnahme	○	○	9. Mitarbeit am Missionsauftrag
○	○	5. Neue Freunde in der Gemeinde			

- *Fragen Sie sich anschließend: Was könnte konkret getan werden, daß es in den übrigen (=nicht angekreuzten) Bereichen zu Fortschritten kommt?*

„Das größte Hindernis, das einer Neugründung von Gruppen im Wege steht, ist die Vorstellung, eine einmal gegründete Gruppe müßte möglichst auf Ewigkeit bestehen bleiben."

Bilden Sie neue Gruppen

In der Realität ist es gar nicht so einfach, ein neues Mitglied in eine bereits bestehende Gruppe zu integrieren. Die meisten Mitglieder, die ich befragt habe, halten ihre Gruppe zwar selber für „ausgesprochen freundlich und offen" gegenüber Außenstehenden, fragt man aber diese Außenstehenden selbst, so ergibt sich in den meisten Fällen ein ganz anderes Bild. Der Unterschied zwischen Selbstwahrnehmung und Fremdwahrnehmung kann an kaum einer anderen Stelle so eindrucksvoll illustriert werden wie hier!

Je verbindlicher, desto schwieriger für Neue

Generell läßt sich sagen: Je enger und verbindlicher die Gemeinschaft einer bestehenden Gruppe ist, desto schwieriger ist es für einen Neuen, dazuzustoßen. Eine Gruppe, die ständig offen für Neue ist und auch auf deren spezifische Bedürfnisse eingeht, schafft das in der Regel nur auf Kosten der Verbindlichkeit und des Tiefgangs nach innen. Umgekehrt: Eine Gruppe, die sehr verbindlich nach innen lebt, schafft das in der Regel nur auf Kosten der Offenheit nach außen.

Es ist natürlich leicht, zu fordern, daß beide Aspekte eben zusammenkommen müssen. Und man kann sich auch über Wege Gedanken machen, wie das konkret geschehen könnte. Aber derartige Vorschläge gehen nach meiner Erfahrung nur in der Theorie auf, nicht aber in der Praxis. In dem Maße, wie man sich dem einen der beiden Pole nähert, entfernt man sich vom anderen.

Ich glaube, daß diese Spannung in der Natur der Sache liegt und folglich gar nicht lösbar ist. Wer dennoch meint, eine Lösung gefunden zu haben, soll mir doch bitte eine Postkarte schreiben. Sollte sein Vorschlag wirklich funktionieren, bekommt er den Evangelisations-Nobelpreis verliehen! Allerdings fürchte ich, daß es zu dieser Verleihung niemals kommen wird.

Gruppen dürfen auch sterben

Gerade weil für neue Christen die Zugehörigkeit zu einer Kleingruppe ungeheuer wichtig ist und weil es in aller Regel so schwierig für sie ist, Zugang zu bestehenden Gruppen zu finden, ist es die Verantwortung der Gemeinde, ständig neue Gruppen ins Leben zu rufen. Je kürzer eine Gruppe existiert, desto leichter ist es für einen Neuen, ein Zugehörigkeitsgefühl zu entwickeln.

Das größte Hindernis, das einer Neugründung von Gruppen im Wege steht, ist die irrige, aber weit verbreitete Vorstellung, eine einmal gegründete Gruppe müßte möglichst auch auf Ewigkeit bestehen bleiben. Kein Zweifel: Viele Gruppenmitglieder empfinden es als äußerst angenehm, über Jahre – und manchmal sogar Jahrzehnte – hinweg der gleichen Gruppe anzugehören. Für das Wachstum der Gemeinde ist eine derartige Cliquenwirtschaft allerdings eher kontraproduktiv.

Jede Gruppe – Ausnahmen bestätigen die Regel – sollte von vornherein zeitlich befristet werden, so daß sich die Mitglieder nach Ablauf dieser Zeit wieder neu formieren müssen. Ein solches Verfahren ist für die vorhandenen Christen gut, da dieser ständige Verjüngungsprozeß sie daran hindert, träge, traditionalistisch und abgekapselt zu werden. Vor allem aber ist das Verfahren für die neugewonnenen Christen gut, da es ihnen bei der Integration in die Gemeinde hilft.

Raum für Freundschaft und Geselligkeit

Wie wir bereits im letzten Kapitel gesehen haben, hat die Zahl der Freunde, die ein Christ innerhalb der Gemeinde findet, direkten Einfluß darauf, ob er aktives Glied der Gemeinde bleibt oder nicht.

In der folgenden Liste sind 100 Menschen aufgeführt, die eine Entscheidung für Jesus getroffen haben. Dabei werden die 50, die nun aktive Gemeindeglieder sind, mit jenen 50 verglichen, die der Gemeinde zwischenzeitlich wieder den Rücken gekehrt haben. Die Darstellung vergleicht in jeder der beiden Gruppen die Zahl der freundschaftlichen Kontakte, die der neue Christ in den ersten sechs Monaten in der Gemeinde fand.

Zahl der freundschaftlichen Kontakte	0	1	2	3	4	5	6	7	8	9+
bei jetzt Aktiven	0	0	0	1	2	2	8	13	12	12
bei „Abgefallenen"	8	13	14	8	4	2	1	0	0	0

Beachten Sie die auffallend hohe Zahl von neuen freundschaftlichen Kontakten, die ein aktives Gemeindeglied nennen kann. Zum Beispiel: 13 der nun aktiven Gemeindeglieder konnten 7 neue Kontakte ausmachen, 12 aktive Gemeindeglieder konnten 8 neue Freundschaftskontakte nennen, 12 weitere sogar 9 und mehr. Vergleichen Sie dies mit der Gruppe der „Abgefallenen" und der Zahl der neuen freundschaftlichen Kontakte, die sie in der Gemeinde gefunden haben. Im Durchschnitt konnte das aktive Gemeindeglied mehr als sieben solcher Kontakte nennen, das abgefallene nur zwei. Der Freundschaftsfaktor, so sagen uns unterschiedliche Untersuchungen, ist das bei weitem wichtigste Element, wenn es darum geht, ob ein Mensch als aktives Glied der Gemeinde erhalten bleibt.

Was bedeutet diese Erkenntnis praktisch? Eine Folgerung ist, daß unsere Gruppen genügend Gelegenheiten bieten müssen, bei denen sich Freundschaften unter den Mitgliedern entwickeln können. Organisieren Sie Veranstaltungen, die einfach nur Spaß machen, die die persönlichen Beziehungen unter den Gemeindegliedern stärken. Sorgen Sie dafür, daß Christen, die schon länger im Glauben stehen, mit neuen Gemeindegliedern – und potentiellen Gemeindegliedern – zusammenkommen.

„Wer nur ‚gestandene Mitarbeiter' für den evangelistischen Dienst im Blick hat, wird nie den Segen erleben, den die Mitarbeit von neubekehrten Christen bringen kann."

Achten Sie vor allem darauf, daß in den bestehenden und auch den neugegründeten Gruppen nicht nur projektbezogen gearbeitet wird, sondern daß genügend Raum vorhanden ist, um Gemeinde Jesu Christi zweckfrei zu leben. Nach meiner Einschätzung besteht eines der größten Defizite evangelistisch aktiver Gemeinden darin, daß viele von ihnen an dieser Stelle einen blinden Fleck haben. Während sie die Evangelisation gelernt haben mögen, haben sie das Leben längst verlernt.

Praktische Schritte:

- *Wie viele Gruppen sind in Ihrer Gemeinde innerhalb der letzten zwölf Monate entstanden?*

____

- *Was könnte Ihre eigene Gruppe konkret tun, um sich zu vervielfältigen bzw. um offener für Neue zu werden?*

____

____

____

____

Verhelfen Sie Neubekehrten zum evangelistischen Dienst

Im ersten Teil haben wir bereits gesehen, daß neubekehrte Christen in aller Regel ein größeres evangelistisches Potential haben als diejenigen, die schon seit Jahren dabei sind. Es ist sehr wichtig, dieses Potential gleich von Anfang an zu nutzen – und zwar durchaus nicht nur um derer willen, die auf diese Weise neu gewonnen werden, sondern auch um der Neubekehrten selbst willen. Kaum eine Erfahrung vermag einen Menschen in der Hingabe zu Jesus so sehr voranzubringen, wie das Erlebnis, daß durch den eigenen Dienst andere Menschen zum Glauben kommen!

Während meiner Evangelisationsseminare bitte ich in der Regel diejenigen Teilnehmer, die innerhalb der letzten zwölf Monate selbst Christen geworden sind, nach vorne zu kommen, um für sie zu beten und dabei mitzuhelfen, daß sie in den evangelistischen Dienst der Gemeinde integriert werden.

Neubekehrte sind oft die kreativsten Denker

In einem Fall kam bei dieser Einladung kein einziger nach vorne. Ich fragte die Gruppe, ob sich in dieser Gemeinde tatsächlich während des letzten Jahres niemand bekehrt habe.

„Doch", sagte mir der Pastor, „sogar eine ganze Reihe von Menschen. Aber wir haben sie nicht zu diesem Seminar eingeladen, weil wir hier nur gestandene Mitarbeiter haben wollten."

Ich war über diese Antwort sehr traurig. Wer nur „gestandene Mitarbeiter" für den evangelistischen Dienst im Blick hat, wird nie den Segen erleben, den die Mitarbeit von neubekehrten Christen bringen kann. Da sie noch viel dichter dran sind an den Fragen und Bedürfnissen von Nichtchristen, sind von ihnen in der Regel die kreativsten Ideen zu erwarten, wenn es um die Gestaltung dessen geht, was wir als „bedürfnisorientierte Evangelisation" bezeichnet haben. Ich empfehle jeder Gemeinde, daß sie alle, die erst gerade zum Glauben gekommen sind, in einen evangelistischen Dienst einbezieht. Während diese Menschen bei evangelistischen Aktionen mitwirken, werden etliche von ihnen – 10 Prozent – die Erfahrung machen, daß Gott ihnen die

Gabe der Evangelisation geschenkt hat. Für diese Entdeckung werden sie Gott und wahrscheinlich auch der Gemeinde ihr Leben lang dankbar sein. Vielleicht hätten sie diese Gabe niemals entdeckt, wenn sie nicht gleich zu Beginn ihres Glaubenslebens die Gelegenheit gehabt hätten, in diesem Bereich gleichsam zu „experimentieren".

90 Prozent der Neubekehrten werden in diesem Prozeß entdecken, daß Gott ihnen nicht die Gabe der Evangelisation gegeben hat. Und auch das ist ein Fortschritt in ihrem Bemühen, ihrer eigentlichen Berufung auf die Spur zu kommen. Immerhin wird ihnen das evangelistische Training, das sie auf diese Weise gleich zu Beginn ihres Christseins bekommen haben, in Zukunft dabei helfen, das Evangelium auf eine Weise zu bezeugen, die ihnen gemäß ist.

Wie sich das Kontaktnetz multipliziert

Wir hatten im ersten Teil dieses Buches bereits gesehen, daß Neubekehrte in der Regel noch sehr viel Kontakt zu Außenstehenden haben (siehe Seite 41). Es geht nun darum, daß diese Beziehungen auch genutzt werden, solange sie noch vorhanden sind. Jeder Neubekehrte bringt so viele Kontakte zu Außenstehenden mit, daß dies dem Rest des Leibes Christi genügend Möglichkeiten eröffnet, die eigenen Gaben in den Dienst dieser Menschen zu stellen. Und jeder dieser Außenstehenden, der daraufhin zum Glauben kommt, ist dann ja selbst ein Neubekehrter, der wiederum eine Fülle von neuen Kontakten zu wieder neuen Außenstehenden mit sich bringt . . .

So ist die Möglichkeit der Gemeinde, auf neue Kontakte einzugehen, niemals erschöpft. Die potentielle Gemeinde wird keineswegs immer kleiner, je mehr Menschen aus diesem Kreis Christen werden – sondern sie wächst automatisch mit. Jeder neue Christ bringt ein neues Kontaktnetz mit sich. Eine Gemeinde, die die Möglichkeiten, die sich aus dieser Dynamik ergeben, nicht nutzt, macht sich nach meiner Überzeugung schuldig an Gott und den Menschen.

Laßt uns also ein für allemal damit aufhören, über fehlende Möglichkeiten zu klagen. Gott hat uns mehr gegeben, als wir überhaupt nutzen können. Laßt uns auch nicht über fehlende Gaben oder fehlende Zeit klagen. Alles dies ist in unseren Gemeinden bereits in ausreichendem Maße vorhanden.

Nein, es ist nicht in „ausreichendem Maße", sondern in „sehr gutem Maße" vorhanden. Ein „ausreichend" wäre nämlich im deutschen Schulsystem die Note vier. Gott aber, der uns mit Möglichkeiten, Gaben und Zeit nach seinem Plan ausgerüstet hat, verdient nicht die Note vier, sondern nichts anderes als ein glattes „sehr gut"!

Praktische Schritte:

„Laßt uns ein für allemal damit aufhören, über fehlende Möglichkeiten zu klagen. Gott hat uns mehr gegeben, als wir überhaupt nutzen können."

- *In welche evangelistischen Dienste Ihrer Gemeinde könnten neugewonnene Christen einbezogen werden? Wer könnte dafür sorgen, daß dies kontinuierlich geschieht?*

______

______

______

Checkliste: Wo steht Ihre Gemeinde?

Die folgende Checkliste können Sie zu jedem Zeitpunkt einsetzen. Kreuzen Sie alle Punkte an, die derzeit auf Ihre Gemeinde zutreffen. Am Anfang des Prozesses werden dies wahrscheinlich nur recht wenige sein. Je weiter der Prozeß fortschreitet, desto mehr Kreuze werden auf der Checkliste erscheinen. Sie sollten sich nicht eher zufriedengeben, bis mindestens 12 der folgenden 15 Aussagen auf Sie zutreffen:

- ○ Es gibt in unserer Gemeinde einen Ressortleiter für den Bereich Evangelisation.
- ○ Mindestens 75 Prozent der Kleingruppen unserer Gemeinde haben die Trainingsphase des Grundkurses Evangelisation absolviert.
- ○ Mindestens 60 Prozent der Kleingruppen unserer Gemeinde haben wenigstens einmal pro Monat das Gespräch über die erweiterten Familien („Oikos-Teil") fest in ihr Programm integriert.
- ○ Mindestens einmal pro Jahr gibt es in unserer Gemeinde öffentlichkeitswirksame evangelistische Aktionen.
- ○ Die 10 Prozent Evangelisten in unserer Gemeinde sind bekannt.
- ○ Die „Evangelisten" unserer Gemeinde haben Dienste gefunden, in denen sie ihre Gabe praktizieren können.
- ○ Die „Evangelisten" werden in ihrem Dienst von leitenden Mitarbeitern fortwährend begleitet.
- ○ Die „Evangelisten" werden von Betern regelmäßig unterstützt.
- ○ Die Namen der Mitglieder unserer potentiellen Gemeinde sind bekannt.
- ○ Die Bedürfnisse der potentiellen Gemeinde sind erhoben worden.
- ○ Unsere Gemeinde hat Angebote geschaffen, die speziell auf die Bedürfnisse unserer potentiellen Gemeinde eingehen.
- ○ Es gibt in unserer Gemeinde Christen, die sich fortwährend neue und ungewöhnliche Formen von Evangelisation ausdenken.
- ○ Es gibt einem Plan, wie jedem, der neu zum Glauben kommt, bei der Integration in die Gemeinde geholfen werden kann.
- ○ Mindestens 30 Prozent aller gemeindlichen Gruppen sind in den letzten 12 Monaten entstanden.
- ○ Allen Neubekehrten wird Anleitung zum evangelistischen Dienst gegeben.

Wie geht's weiter?

Persönliche Evangelisation ist wichtig – aber sie ist nicht das Ganze, worum es im Gemeindeaufbau geht. Jeder, der selbst evangelistisch tätig ist, macht früher oder später die Erfahrung: Das eigene Engagement trägt um so mehr Frucht, je stärker es von einer lebendigen und gesunden Gemeinde getragen wird. Je mehr ich als Christ in meinen Bemühungen isoliert dastehe, desto frustrierender ist die ganze Angelegenheit.

Dieser Grundkurs hätte sein Ziel verfehlt, wenn er den Eindruck vermittelte: „Wenn wir nur die Prinzipien der bedürfnisorientierten Evangelisation umsetzen, dann haben wir auch eine lebendige, wachsende Gemeinde." Es kommt vielmehr darauf an, daß die unterschiedlichsten Elemente des Gemeindeaufbaus so zusammenspielen, daß der Leib Christi mehr und mehr nach Gottes Plan funktioniert.

Ich betone das deshalb so sehr, weil viele, vielleicht sogar die meisten Christen dazu neigen, einen bestimmten Aspekt des Gemeindeaufbaus, der ihnen besonders wichtig ist (etwa „Evangelisation" oder „Kleingruppen" oder „Gottesdienst") als das Ganze auszugeben. Das aber ist – ich halte diesen Ausdruck nicht für übertrieben – schlicht eine Irrlehre, also eine Lehre, die nachweislich in die Irre führt!

Was aber ist das Ganze? Und: Wie erreichen wir, daß wir nicht nur an einem einzigen Aspekt „herumdoktern", sondern alle Bereiche des Gemeindeaufbaus in den Blick bekommen?

In Gesprächen mit unzähligen Christen, durch Untersuchungen von zahlreichen Gemeinden und durch ganz praktische „Experimente" sind wir auf eine Fülle von Erkenntnissen gestoßen, von denen wir merkten, daß Gemeinden unterschiedlichster Prägung sie als hilfreich empfanden. Wir haben diese Erkenntnisse zwischenzeitlich systematisiert und in ganz praktische „Bausteine" für den Gemeindeaufbau umgesetzt.

Die „Gemeinde für morgen"-Idee

Wir nennen den Arbeitsansatz, der sich daraus entwickelt hat, die „Gemeinde für morgen"-Idee. Allen Angeboten (wie Bücher, Arbeitsmaterialien, Spiele, Tests, Seminare etc.), die diesen Namen tragen, ist es gemeinsam, daß sie aufeinander bezogen sind. So soll verhindert werden, daß Christen an einer bestimmten Stelle ihres geistlichen Lebens positive Erfahrungen machen, dann aber „im Regen stehen gelassen" werden.

In der Fachsprache unseres Instituts nennen wir den Arbeitsansatz, der hinter der „Gemeinde für morgen"-Idee steht, die „gemeindekybernetische Strategie". Der „Grundkurs Evangelisation" ist nur ein Baustein dieses Konzeptes. Unsere Untersuchungen haben gezeigt, daß lebendige, wachsende Gemeinden insgesamt acht Kennzeichen gemeinsam haben:

- Zielorientierter Pastor
- Gabenorientierte Mitarbeiterschaft
- Leidenschaftliche Spiritualität
- Zweckmäßige Strukturen
- Inspirierender Gottesdienst
- Ganzheitliche Kleingruppen
- Bedürfnisorientierte Evangelisation
- Hoher „Liebesquotient".

Wir nennen diese Kennzeichen die „acht Basisprinzipien wachsender Gemeinden". In Zusammenarbeit mit dem Institut Koinonia arbeiten wir daran, langfristig für jeden der acht Bereiche aufeinander bezogene Arbeitsmaterialien zu entwickeln. Aus diesem Überblick geht hervor, welche Materialien schon vorliegen bzw. welche in Zukunft geplant sind:

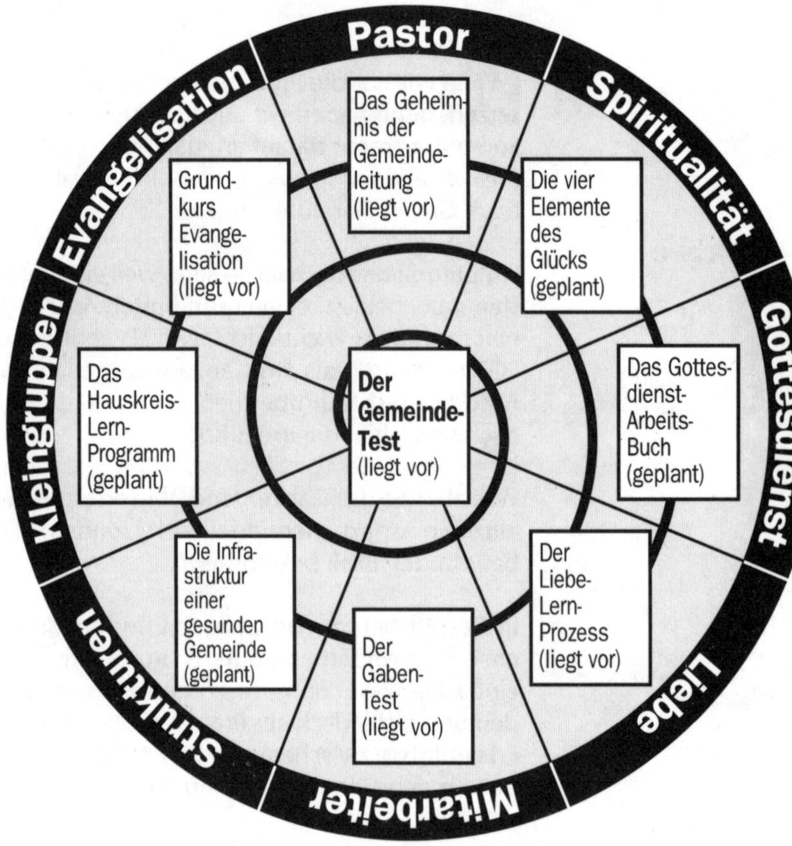

Zeitschrift „Gemeinde für morgen"

Im Jahr 1992 haben wir damit begonnen, eine eigene Zeitschrift herauszugeben, die die Erfahrungen, die Christen aus unterschiedlichen Gemeinden mit der „Gemeinde für morgen"-Idee gemacht haben, zu anderen interessierten Christen transportieren soll. Die Arbeit an dieser Zeitschrift ist für mich einer der spannendsten Bereiche überhaupt – geht es doch hier nicht darum, über Dinge zu schreiben, die *wir* uns ausgedacht haben, sondern darum, das zu recherchieren und zusammenzufassen, was andere Christen *erlebt* haben.

Ich bin der Überzeugung, daß der Hauskreisleiter in Bern unendlich viel von dem Hauskreisleiter in Itzehoe lernen könnte, der Pastor in Zürich von dem in Dortmund, das Gebetskreismitglied in Wien von dem in Chur. Warum soll nicht das, was Gott dem einen gezeigt hat, auch allen anderen zugute kommen?

Die „Gemeinde für morgen"-Zeitschrift ist so etwas wie ein „Umschlagplatz" für Ideen, wobei die eigentlichen Autoren unsere Leser sind. Wir sehen unsere Aufgabe in erster Linie darin, diese Erfahrungen zu bündeln und zu systematisieren, so daß andere Christen sie als Bausteine in ihre Arbeit integrieren können. In jeder Nummer finden sich zu allen acht oben genannten Arbeitsbereichen der Gemeinde praktische Ideen: Pastor, Mitarbeiter, Spiritualität, Strukturen, Gottesdienst, Kleingruppen, Evangelisation, Liebe.

Als Einzelheft ist „Gemeinde für morgen" in die Zeitschrift „Gemeindewachstum plus" integriert (das heißt, jeder Ausgabe von „Gemeindewachstum plus" ist ein Heft „Gemeinde für morgen" beigeheftet); wer „Gemeinde für morgen" allerdings in größerer Stückzahl haben möchte, um zum Beispiel in einer Gruppe damit zu arbeiten, kann die Hefte auch separat erhalten.

„Gemeinde für morgen"-Arbeitsmaterialien

Wenn es Ihnen darum geht, den Ansatz der bedürfnisorientierten Evangelisation stärker als bisher in Ihre Gemeinde einzubringen, werden Sie möglicherweise einzelne der „Gemeinde für morgen"-Bausteine als hilfreich empfinden.

Lassen Sie mich zu denjenigen Materialien, die bisher vorliegen, kurz sagen, was ihre Ziele sind und welche Erfahrungen bisher damit gemacht wurden. Das kann Ihnen dann bei der Frage, inwieweit die entsprechenden Angebote in Ihre Situation passen, eine Entscheidungshilfe sein.

Leiterhandbücher

Besonders wichtig ist uns, die Materialien so zu konzipieren, daß sowohl *einzelne Christen* als auch *christliche Gruppen* und *ganze Gemeinden* damit arbeiten können. Deshalb haben wir zu Büchern wie „Grundkurs Evangelisation", „Gabentest" oder „Liebe-Lern-Prozess" jeweils ein Leiterhandbuch entwickelt, das dem Gruppenleiter methodische Anleitung für eine intensive Beschäftigung mit dem Thema über eine, drei, sechs, zwölf oder mehr Wochen gibt.

In den Leiterhandbüchern sind Ideen für Feiern, Spiele, Aktionen, Gebete, Gesprächsimpulse und praktische Übungen zusammengefaßt, wobei besonders der biblische Hintergrund zu den entsprechenden Themen herausgearbeitet wird. Was uns aber bei dieser Art von Materialien am wichtigsten war, ist dies: Hier soll nicht nur ewig diskutiert werden; vielmehr soll das praktisch werden, worüber in viel zu vielen Gruppen nur diskutiert wird!

Wir haben gemerkt, daß die Prozesse, um die es bei solchen Themen geht, dann als besonders intensiv erlebt werden, wenn das Ganze im Kontext einer Kleingruppe geschieht.

Der Gabentest

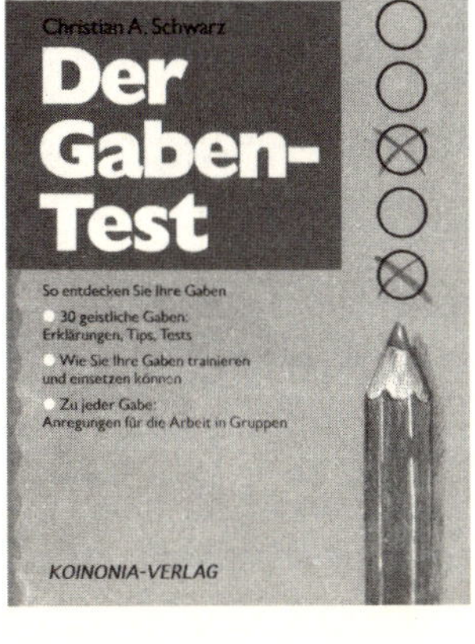

Schon in diesem Grundkurs ist immer wieder angeklungen, wie wichtig der Ansatz der gabenorientierten Mitarbeiterschaft ist. Da sich die meisten Gemeinden an dieser Stelle relativ schwer tun, haben wir einen „Gabentest" entwickelt, der Christen dabei helfen soll, ihre Gaben zu entdecken und sie zur Ehre Gottes einzusetzen.

Während es für eine Gruppe sehr bedrückend sein kann, die Teilnehmer zu fragen: „Welche Gabe hat wohl jeder einzelne?", wird es in der Regel als befreiend empfunden, an dieser Stelle mit einem solchen Test zu arbeiten. Diese Vorgehensweise hilft den Teilnehmern, entkrampft über das Thema ins Gespräch zu kommen.

Allerdings enthält das Arbeitsbuch nicht nur den Testbogen (den isoliert zu benutzen, würde ich für verheerend halten). Der eigentliche Test ist eingebettet in eine Beschreibung der wichtigsten Prinzipien der gabenorientierten Mitarbeiterschaft. Außerdem enthält das Buch zu jeder der von uns aufgelisteten 30 Gaben zwei Seiten mit zusätzlichen Informationen (Definition, Beispiele, Bibelstellen, mögliche Aufgaben, Tips zum Trainieren, Gefahren, Fragen für das Gruppengespräch etc.).

Der Liebe-Lern-Prozess

Nachdem der Gabentest erschienen war, stießen uns Kritiker auf ein Problem: Nach dem Zeugnis des Neuen Testaments sind alle Gaben „wertlos", wenn sie nicht in Liebe eingesetzt werden. Anders ausgedrückt: Es kommt nicht nur darauf an, daß wir Gaben entdecken und praktizieren, sondern vor allem auch darauf, daß die „Früchte des Geistes", wie sie in Galater 5,22 beschrieben werden, in unserem Leben reifen. Ein Kritiker merkte einmal etwas spöttisch an: „Viel wichtiger als ein Gabentest wäre eigentlich ein Früchtetest."

Als ich über diese Worte näher nachdachte, merkte ich, daß der Bruder Kritiker eigentlich gar nicht so Unrecht hatte. Deshalb gingen wir in unserem Institut daran, einen solchen „Früchtetest" zu entwickeln. Wir sprachen mit unzähligen Christen, wie sie es gelernt haben, liebesfähiger zu werden. Am Ende unserer Bemühungen um dieses Thema stand der *Liebe-Lern-Prozess*, ein Arbeitsbuch, das einzelnen Christen, christlichen Gruppen und ganzen Gemeinden praktische Schritte zeigt, wie sie in der Liebe wachsen können.

Materialien für die Gemeindeleitung

Zwei der bisher vorliegenden „Gemeinde für morgen"-Bücher wenden sich bewußt an Pastoren, Kirchenvorsteher, Älteste, Ressortleiter – also diejenigen Christen, die für die Leitung der Gemeinde Verantwortung tragen: „Der Gemeindetest" und „Das Geheimnis der Gemeindeleitung".

Der „Gemeindetest" soll einer Gemeinde dabei helfen, herauszufinden, in welchen Bereichen ihre Stärken, und in welchen Bereichen ihre Schwächen liegen. Grundlage für diese Einschätzung sind die acht Kennzeichen („Basisprinzipien") wachsender Gemeinden, wie sie oben beschrieben wurden. In diesem Buch wird der Arbeitsansatz, der der „Gemeinde für morgen"-Idee zugrunde liegt – die „gemeindekybernetische Strategie" – ausführlich entfaltet.

Das Buch „Das Geheimnis der Gemeindeleitung" wurde – eine Ausnahme in unserer „Gemeinde für morgen"-Reihe – von zwei amerikanischen Gemeindeaufbau-Experten verfaßt: Robert Logan und Carl George. Obwohl die ganze Reihe so konzipiert ist, daß hier Erfahrungen, die Christen in den deutschsprachigen Ländern gemacht haben, aufgearbeitet werden, erschien es uns an dieser Stelle hilfreich, aus der internationalen Gemeindeaufbau-Bewegung zu lernen. Die Autoren gehören zu den kompetentesten Gemeindeberatern, denen ich je begegnet bin. Besonders interessant erschien uns das Arbeitsbuch deshalb, weil es einen Schwerpunkt darin hat, zu zeigen, wie eine ganze Gemeinde den gabenorientierten Ansatz in den Gemeindealltag integrieren kann.

Der theologische Hintergrund

In den praktischen Arbeitsbüchern werden – im engeren Sinne des Wortes – theologische Fragen weitgehend ausgeklammert. Zum Beispiel enthält der Grundkurs Evangelisation eine Fülle von theologischen Prämissen, die aber im Buch selber weder thematisiert noch problematisiert werden: Wer ist ein Christ? Wieso gehört die Eingliederung in die Gemeinde zum Christsein dazu? Was ist eigentlich Glaube? Ist Gemeindeaufbau „machbar"? In wel-

chem Verhältnis steht Gottes Handeln zu unseren Bemühungen? Was ist das biblische Fundament dieses Evangelisationsansatzes? Ist dieses Konzept an einen bestimmten Frömmigkeitsstil gebunden? Steht eine bestimmte „theologische Schule" im Hintergrund?

Daß Fragen wie diese in den praktischen Büchern so gut wie nicht behandelt werden, bedeutet nun freilich nicht, daß sie unwichtig wären. Im Gegenteil: Sie erscheinen mir derartig fundamental, daß ich es für unmöglich halte, sie auf den wenigen Seiten eines Praxisbuches auch nur einigermaßen verantwortlich zu erörtern. Ich persönlich gehe davon aus, daß das Haupthindernis gegenüber dem Gemeindeaufbau – und damit auch gegenüber der Evangelisation – nicht so sehr im fehlenden „know how" besteht, sondern in tief eingewurzelten theologischen Blockaden.

Welcher theologische Ansatz steht aber hinter der „Gemeinde für morgen"-Idee? Auf diese Frage geht das Buch „Die Dritte Reformation – Paradigmenwechsel in der Kirche" ein. Hier werden all die Fragen ausführlich und vor allem im Zusammenhang erörtert, die in den praktischen Arbeitsmaterialien nur „gestreift" werden können.

„Gemeinde für morgen"-Gemeindeprofil

Im Anschluß an das Buch „Der Gemeindetest" bietet das Ökumenische Gemeinde-Institut in Zusammenarbeit mit dem Institut Koinonia interessierten Gemeinden an, ein „Gemeindeprofil" zu erheben.

Dabei handelt es sich um folgendes: Nach einer Fragebogenaktion, an der sich 10 Prozent der Gottesdienstbesucher beteiligen müssen, erheben wir, wie stark oder schwach jedes einzelne der „acht Kennzeichen/Basisprinzipien" entwickelt ist. Die Gemeinde erhält dann ein etwa 40seitiges „Praxis-Manual", in dem nicht nur dieses Ergebnis erläutert wird, sondern vor allem beschrieben wird, was sie in den nächsten Wochen und Monaten konkret tun sollte, um im Gemeindeaufbau weiterzukommen.

„Gemeinde für morgen"-Seminare

Schließlich bieten sowohl das Ökumenische Gemeinde-Institut als auch das Institut Koinonia Seminare in interessierten Gruppen und Gemeinden an. Zu diesem Zweck kommt ein Referent für ein Wochenende in die Gemeinde, um gemeinsam mit den Christen vor Ort daran zu arbeiten, wie wir im Gemeindeaufbau einen konkreten Schritt voran kommen können.

Diese Seminare werden in der Regel durch die Erhebung eines „Gemeindeprofils" vorbereitet, so daß wir an dem entsprechenden Wochenende recht genau wissen, woran wir arbeiten müssen. Es ist das Ziel dieser Wochenenden, nicht nur über Gemeindeaufbau zu reden, sondern möglichst viel gleich praktisch umzusetzen. Auch die Seminare beziehen sich auf die „Gemeinde für morgen"-Idee, d.h. zu jedem der acht Bereiche des gemeindlichen Lebens gibt es unterschiedliche Seminarangebote.

Mir persönlich macht diese Seminararbeit sehr viel Spaß, weil ich hier Gemeinden unterschiedlichster Prägung begegne und immer mehr dazu lerne, welche Prinzipien Gott offensichtlich segnet, und welche nicht. Wer sich für solche Seminare interessiert, kann sich direkt an eines unserer Institute wenden:

Institut Koinonia
Roland Kurth / Peter Höhn
Eichstrasse 4
CH-8107 Buchs / Zürich

Ökumenisches Gemeinde-Institut
Christian A. Schwarz
Diedersbüll 6
D-2266 Emmelsbüll

Schreiben Sie uns!

Mag sein, daß unter diesen Vorschlägen etwas ist, was Sie in Ihrer Arbeit weiterbringt. Es kann aber auch sein, daß Sie auf ganz andere Hilfsmittel stoßen, die Gott in Ihrer Situation benutzt. Wenn das der Fall sein sollte, schreiben Sie uns bitte. Wir sind an allen nur erdenklichen Hilfsmitteln interessiert, die dazu beitragen, daß Gottes Reich in unserer Zeit konkreter Gestalt gewinnt.

„Gemeinde für morgen"- Materialien im Koinonia-Verlag

Christian A. Schwarz
Grundkurs Evangelisation
Leise werben für die Gute Nachricht
DIN A 4, 120 Seiten
ISBN 3-906644-15-4
24,80

Staffelpreise für Gruppen:
ab 10 Arbeitsbücher je Stück 22,80
ab 20 Arbeitsbücher je Stück 21,80
ab 50 Arbeitsbücher je Stück 19,80

Außerdem erhalten Besteller von 10 oder mehr Arbeitsbüchern das entsprechende Leiterhandbuch kostenlos dazu.

Christian A. Schwarz / Brigitte Berief-Schwarz
Leiterhandbuch zum Grundkurs Evangelisation
DIN A 4, ca. 60 Seiten
3-928093-34-7
34,80

Christian A. Schwarz
Der Gabentest
So entdecken Sie Ihre Gaben
DIN A 4, 158 Seiten
ISBN 3-928093-09-6
24,80

Staffelpreise für Gruppen:
ab 10 Arbeitsbücher je Stück 22,80
ab 20 Arbeitsbücher je Stück 21,80
ab 50 Arbeitsbücher je Stück 19,80

Außerdem erhalten Besteller von 10 oder mehr Arbeitsbüchern das entsprechende Leiterhandbuch kostenlos dazu.

Christian A. Schwarz / Brigitte Berief-Schwarz
Leiterhandbuch zum Gabentest
DIN A 4, 89 Seiten
ISBN 3-928093-32-0
34,80

Christian A. Schwarz
Der Liebe-Lern-Prozeß
Die Revolution der Herzen
DIN A 4, 124 Seiten
ISBN 3-928093-10-X
24,80

Staffelpreise für Gruppen:
ab 10 Arbeitsbücher je Stück 22,80
ab 20 Arbeitsbücher je Stück 21,80
ab 50 Arbeitsbücher je Stück 19,80

Außerdem erhalten Besteller von 10 oder mehr Arbeitsbüchern das entsprechende Leiterhandbuch kostenlos dazu.

Christian A. Schwarz / Brigitte Berief-Schwarz
Leiterhandbuch zum Liebe-Lern-Prozeß
DIN A 4, 47 Seiten
ISBN 3-928093-33-9
34,80

Alle hier gelisteten Materialien sind (bis auf die Zeitschrift) über den Buchhandel erhältlich. Sie können aber auch mit der Anforderungskarte direkt beim Verlag geordert werden.

Anforderungskarte

Titel	Stück	Preis
Grundkurs Evangelisation		Fr. 24,80
Aktionspaket zum Grundkurs Evangelisation (Bücher und Leiterhandbuch), für 10 Teilnehmer		Fr. 228,00
Aktionspaket zum Grundkurs Evangelisation, für 20 Teilnehmer		Fr. 436,00
Aktionspaket zum Grundkurs Evangelisation, für 50 Teilnehmer		Fr. 990,00
Aktionspaket zum Grundkurs Evangelisation, für ...... Teilnehmer (Preisstaffelung siehe oben, ab 10 Teilnehmer möglich)		
Der Gabentest		Fr. 24,80
Der Liebe-Lern-Prozess		Fr. 24,80
Der Gemeindetest		Fr. 68,00
Das Geheimnis der Gemeindeleitung		Fr. 29,80
Die Dritte Reformation		Fr. 38,00
1 kostenloses Exemplar der Zeitschrift „Gemeindewachstum plus". Wenn ich innerhalb von 14 Tagen nach Erhalt nichts von mir hören lasse, bin ich damit einverstanden, daß Sie mir das Magazin als Abo frei Haus schicken (Jahresabo Fr. 28,00)		

Christian A. Schwarz
Der Gemeindetest
Kybernetisch Gemeinde bauen
DIN A 4, Gebunden, 72 Seiten
plus Anforderungskarte für kostenloses Fragebogenmaterial
ISBN 3-928093-11-8
68,00

Robert Logan / Carl George
Das Geheimnis der Gemeindeleitung
Leiterschaftstraining für Pastoren und ihre wichtigsten Mitarbeiter
DIN A 4, 166 Seiten
inklusive zahlreiche Arbeitsblätter
ISBN 3-96644-00-6
29,80

Staffelpreise:
ab 5 Arbeitsbücher je Stück 27,80
ab 10 Arbeitsbücher je Stück 24,80

Christian A. Schwarz
Die Dritte Reformation
Paradigmenwechsel in der Kirche
Gebunden, ca. 320 Seiten
ISBN 3-928093-26-6
38,00

Zeitschrift „Gemeindewachstum plus"
inkl. „Gemeinde für morgen"
ca. 56 Seiten, erscheint viermal im Jahr
Einzelabo pro Jahr
28,00

Für Sie als Geschenk: Das „Gemeinde für morgen"-Spiel

Wenn Sie mit dem untenstehenden Bestellschein ein Probeexemplar der Zeitschrift „Gemeindewachstum plus" ordern, erhalten Sie gleichzeitig kostenlos das „Gemeinde für morgen"-Spiel, das es nicht im Handel gibt. Sie können das Spiel behalten – auch wenn Sie sich nicht zu einem Abonnement entschließen sollten.

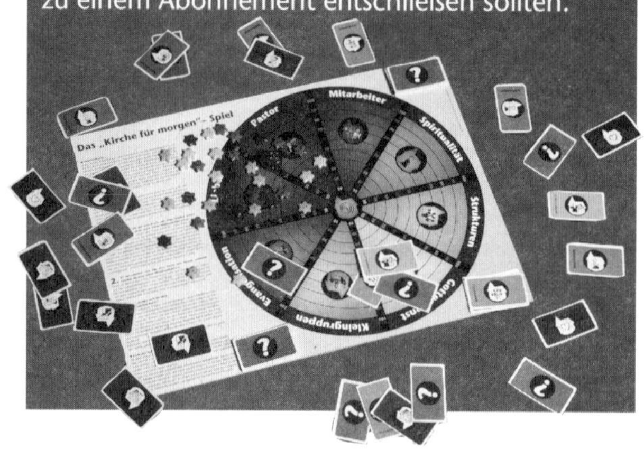

Absender:

Name

Vorname

Straße/Nr.

PLZ/Ort

Datum/Unterschrift

Tel.-Bestellung: 062 - 44 30 48
Fax-Bestellung: 062 - 44 42 52

Antwortkarte

Koinonia-Verlag
Data Trend 22 AG
Eggasse 4

CH-4852 Rothrist

Sollte hier die entsprechende Postkarte bereits fehlen, schreiben Sie an:

Koinonia-Verlag
Data Trend 22 AG
Eggasse 4
CH-4852 Rothrist

Telefon-Bestellung:
062 - 44 30 48
Fax-Bestellung:
062 - 44 42 52